Auf all unsern Wegen

# *Auf all unsern Wegen*

## Worte, die begleiten

Herausgegeben von
*Sylvia Müller und Ulrich Sander*

HERDER
FREIBURG · BASEL · WIEN

# Inhalt

# Auf all unsern Wegen

*Es gibt einen Weg,*
*den keiner geht,*
*wenn du ihn nicht gehst.*
*Werner Sprenger*

Zeit unseres Lebens sind wir unterwegs, ja wir sind Geschöpfe des Weges: Menschen im Übergang, zwischen Aufbrüchen und Ankommen. Was brauchen wir „auf all unsern Wegen"?

Die bekannten Autorinnen und Autoren dieses Bandes geben uns Anteil an ihrer ganz persönlichen Spurensuche nach dem, was wir uns selbst und einander für unsere Lebenswege wünschen: Ihre Beiträge erzählen vom Vertrauen als der grundlegenden Ausstattung zur Lebensreise und von der lebenswichtigen Erfahrung, Weggefährten zur Seite zu haben. Sie erzählen von der Fähigkeit, Spuren zu lesen, an Wegkreuzungen Entscheidungen zu treffen und Irr- und Umwege wahrzunehmen, ebenso wie von der Gelassenheit und dem Mut, steinige Wege und Durststrecken zu überstehen. Und schließlich bezeugen sie die Gewissheit, dass wir „auf all unsern Wegen" nicht alleine gehen, sondern von guten Mächten begleitet sind.

Die Autorinnen und Autoren dieses Bandes sind ihren eigenen inneren Weg gegangen und möchten durch ihre Erzählungen und Geschichten, ihre Betrachtungen und Gedichte die Erfahrungen ihrer Lebensreise mit anderen teilen. Dass im Spiegel ihrer Texte etwas aufscheint, was Ihnen, liebe Leserinnen und Leser, ein neues Licht für Ihren eigenen ganz persönlichen Lebensweg schenkt, wünschen wir Ihnen.

*Sylvia Müller*
*Ulrich Sander*

# 1
# *Lebenswege*

# Ziehende Landschaft

Man muß weggehen können
und doch sein wie ein Baum:
als bliebe die Wurzel im Boden,
als zöge die Landschaft und wir ständen fest.
Man muß den Atem anhalten
bis der Wind nachläßt
und die fremde Luft um uns zu kreisen
beginnt,
bis das Spiel von Licht und Schatten,
von Grün und Blau,
die alten Muster zeigt
und wir zuhause sind,
wo es auch sei,
und niedersitzen können und uns anlehnen,
als sei es an das Grab
unserer Mutter

*Hilde Domin*

# Hartnäckiger Wegbegleiter

Ein Mönch, der in der ägyptischen Wüste lebte, beschloss, seine Zelle zu verlassen und an einen anderen Ort zu gehen. Als er seine Sandalen anlegte, um seinen Entschluss auszuführen, sah er nicht weit entfernt einen anderen Mönch, der sich auch die Sandalen anzog. „Wer bist du?“, fragte er den Fremden. „Ich bin dein eigenes Ich“, lautete die Antwort, „solltest du etwa meinetwegen diesen Ort verlassen, dann wisse, wohin du auch immer gehst, ich werde stets mit dir gehen.“

*Anthony de Mello*

# Der Weg des Vertrauens

Wir erfahren im Alltag, dass wir uns auf Menschen oft nicht verlassen können. Da hat uns jemand die Treue geschworen. Und doch verlässt er uns. Ein anderer scheint einen klaren Stand und eine überzeugende Meinung zu haben, doch dann verwickelt er sich in Skandale ...

Es gibt immer auch Menschen, auf die man sich wirklich verlassen kann, die einem nicht zu viel versprechen, die ehrlich und zugleich treu sind. Und es gibt einen letzten festen Grund meines Lebens, auf den ich mich verlassen kann: Sogar wenn ich mich selbst verlasse, weil ich es nicht bei mir aushalte, verlässt mich Gott nicht.

Für Kinder ist Verlässlichkeit besonders wichtig. Für sie ist es wichtig, darauf vertrauen zu können und daran zu glauben, dass ihr Engel sie nicht verlässt, auch wenn Eltern sie verlassen, dass ihr Engel mit ihnen geht und sie aushält, auch dort, wo sie sich selbst nicht aushalten können. Ein solches tiefes Vertrauen ermöglicht es ihnen, zu sich zu stehen und ihre Person zu entfalten. Nur solches Trauen gibt ihnen mitten in einer unsicheren Welt einen guten Stand ...

Die Erfahrung zeigt, dass kein Mensch ohne Vertrauen leben kann. Selbst wenn er von einem anderen Menschen immer wieder enttäuscht worden ist, sehnt er sich nach Menschen, denen er vertrauen kann. Er hat in sich die Ahnung, dass er das Vertrauen braucht, um überhaupt einen festen Stand in dieser Welt zu haben ... Und in der Sehnsucht nach Vertrauen ist schon anfanghaft Vertrauen in uns.

*Anselm Grün*

# Du mein Hirte

Wärst du mein Hirte, nichts würde mir fehlen.

Führ mich zu blühenden Weiden,
lass mich lagern an strömendem Wasser,
dass meine Seele zu Atem kommt,
dass ich die rechten Pfade wieder gehen kann,
dir nach.

Du mein Hirte? Nichts würde mir fehlen.

Muss ich in den Abgrund, die Todesschlucht,
dann packt mich Angst – bist du bei mir,
werde ich nicht sterben vor Angst.

Du hast den Tisch schon gedeckt,
meine Spötter wissen nicht, was sie sehen:
dass du meine Füße wäschst, sie salbst mit
Balsam,
mir einschenkst. Trink nur, sagst du.

Nichts wird mir fehlen.

Lass es so bleiben, dieses Glück,
diese Gnade, all meine Lebenstage.
Dass ich bis ans Ende meiner Jahre
wohnen werde in deinem Haus.

Du, mein Hirte, nichts wird mir fehlen.

*Psalm 23*
*in der Übertragung von Huub Oosterhuis*

# Auf der Suche

Der Mensch – ein kleines wunderliches Wesen. Es lebt und stirbt zwischen Steinen und Beton, immer in Hetze auf eiligen Wegen. Der Blutdruck macht ihm zu schaffen, es plagen ihn Leber und Herz. Voll ist er mit Problemen, stets auf der Suche, doch meistens, bevor er noch findet, ist er schon tot.

Vielleicht kommt eine Zeit, in der der Mensch auf seinem suchenden Weg verwiesen wird an den Zentralcomputer, der ausgerüstet ist mit allem verfügbaren Wissen. Dann werden die Fragen wohl mehr denn je Sinnfragen sein, die der materielle Fortschritt nicht beantworten kann.

Hoffentlich wird dann der Mensch wieder anklopfen bei den alten Philosophen und den großen Mystikern. Es sei denn, es wären nur die Fragen erlaubt, die der Computer beantworten kann, und alle Fragen nach dem

Geheimnis wären verboten, weil der Zentralcomputer sonst sprachlos würde.

Der Mensch ist und bleibt in seinem tiefsten Wesen ein Sucher, aber meistens wagt er nicht, weit genug zu gehen. Menschen suchen ihr Leben lang auf vielen Wegen, Umwegen und Irrwegen einen festen Ort, einen Heimathafen, einen Tisch und Brot und Wein, ein Herz und eine sanfte Hand, eine stille Gegenwart, die bleibt, auch wenn die Worte verstummen. Aber das Leben lehrt, dass Menschen für Menschen nur Zwischenhafen sind, ein Anlegeplatz auf Zeit, wie schön er auch sein mag.

Menschen suchen unbewusst den großen Strom, der sie hinträgt ans andere Ufer, in den endgültigen Hafen, wo sie für immer geborgen sind. In den Hafen voller Licht und Liebe, den ich Gott nenne.

*Phil Bosmans*

# Nicht stehen bleiben

Wer bei sich selbst stehen bleibt,
kommt nicht weit.
Aufregend
wird das Leben erst dann,
wenn wir uns herausrufen lassen
über die eigenen Grenzen hinaus.

*Franz Kamphaus*

# Das Leben ist ein Weg

Ein Spaziergang durch den Wald zwingt mich, immer wieder auf den Boden zu schauen. Wurzelwerk, abgebrochene Äste, Kleintiere, Steine, Krümmungen, Steigungen erschweren den Weg. Unsere Wegbegleiter durch das Leben sind die Sinne. Wir gehen einen Weg der Erfahrung, einen Weg mit Anfang und Ziel, einen Weg der Begegnung. Es braucht Sehnsucht, Neugier und Risikofreudigkeit, um Erfahrungen zu machen. Wer nicht nach vorne lebt und ziellos in den Tag hineinstolpert, dem widerfährt nichts, der bleibt ohne „Fahrtwind" und ohne Erfahrung. Das Leben ist ein Weg: ein Weg von mir zum Mitmenschen, ein Weg von Gott zu mir, ein Weg von mir zu Gott, ein Weg zu mir selber. Ich brauche Boden unter den Füßen, um überhaupt auf dem Weg sein zu können. Der Boden trägt mich wie die Wurzel den Baum.

*Gisela Ibele / Therese Nolte*

# Der Rabbi und sein Schüler

Ein junger Jude kam zu seinem Rabbi und sagte: „Ich möchte gerne zu dir kommen und dein Jünger werden." Da antwortete der Rabbi: „Gut, das kannst du, ich habe aber eine Bedingung. Du musst mir eine Frage beantworten: Liebst du Gott?"

Da wurde der Schüler traurig und nachdenklich. Dann sagte er: „Eigentlich, lieben, das kann ich nicht behaupten."

Der Rabbi sagte freundlich: „Gut, wenn du Gott nicht liebst, hast du Sehnsucht, ihn zu lieben?"

Der Schüler überlegte eine Weile und erklärte dann: „Manchmal spüre ich die Sehnsucht sehr deutlich, aber meistens habe ich so viel zu tun, dass diese Sehnsucht im Alltag untergeht."

Da zögerte der Rabbi und sagte dann: „Wenn du die Sehnsucht, Gott zu lieben, nicht so deutlich verspürst, hast du dann Sehnsucht, diese Sehnsucht zu haben, Gott zu lieben?“

Da hellte sich das Gesicht des Schülers auf und er sagte: „Genau das habe ich. Ich sehne mich danach, diese Sehnsucht zu haben, Gott zu lieben.“

Der Rabbi entgegnete: „Das genügt.
Du bist auf dem Weg.“

*Jüdische Überlieferung*

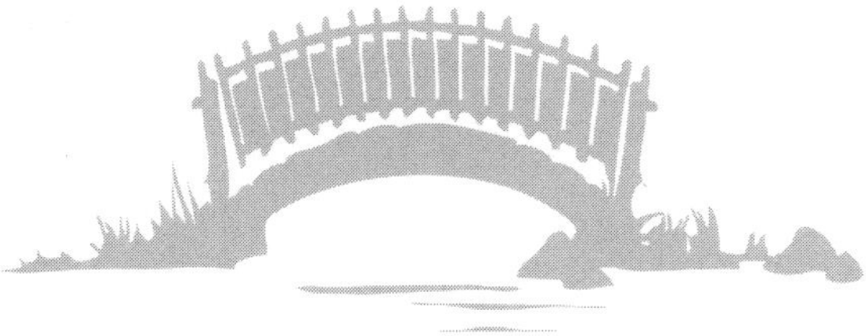

# Unterwegs

Geh deinen Weg
wie ich den meinen suche
zu dem Ziel
Mensch zu werden
unterwegs begegnen wir
der Wahrheit
der Freiheit
und uns selbst
unterwegs
wächst und reift
eine Weggemeinschaft
die uns befähigt
anderen Rastplatz zu sein
und Wegweiser

du und ich
gehen
den Weg

*Margot Bickel*

# Der Stimme des Herzens folgen

Der schwedische Regisseur *Ingmar Bergman* sagt, „dass das Leben nur die Bedeutung hat, die man ihm selber zumisst. Das ist an und für sich nichts Besonderes, aber für mich war es eine große Entdeckung“. Darum geht es im Leben: dem, was ich zutiefst spüre, die Bedeutung und das Gewicht geben, das es braucht, um ihm schließlich Ausdruck zu verleihen. Wenn ich auf diesem Weg Verbündete suche, werde ich erstaunt sein, wie sich mir neue Perspektiven eröffnen. Allerdings braucht es dazu beharrliche Geduld. Denn es ist gar nicht so einfach, in der Fülle der Möglichkeiten, die uns heute in unserer konsumorientierten Welt angeboten werden, die eigene Einmaligkeit zu fördern. Das Horchen auf meine innere Mitte, auf die Stimme des Herzens, kann mir wegweisend sein.

*Pierre Stutz*

# Vor
# dem Wind

wenn
du
voran
kommen willst

dann musst du
den sicheren Hafen
der Bequemlichkeit
der Geborgenheit
der scheinbaren Ruhe
verlassen

wag dich
hinaus
stell dich
dem Wind

mach die Leinen los
bestimme den Kurs

richte die Segel aus
und trau dich

nur
wer losfährt
wird
ankommen

Alle paar Jahre erwischt es mich. Dann werde ich plötzlich unruhig. Ich spüre, da kommt etwas Neues auf mich zu, etwas Altes, bisher durchaus Bewährtes trägt nicht mehr. Da stellt einer eine Frage, und ich komme ins Nachdenken. Da wächst eine Idee in mir heran und lässt mich nicht mehr los. Da werden Pläne durchkreuzt, und Neuorientierung steht an. Aufbruch ist angesagt. Nicht immer freiwillig, nicht immer besonders lustvoll – oft mit Angst besetzt, mit Trauer und Abschied – und doch irgendwie reizvoll. Die Zeit im ruhigen Hafen war schön. Jetzt lockt das Meer, das Neue, das Andere, das Unbekannte.

Jane war dabei eine meiner Lehrmeisterinnen. Sie ist ein paar Jahre älter als ich, kommt ursprünglich aus Polen, ist ziemlich sturmtauglich und lebenserprobt – und hat 140 Quadratmeter Segelfläche. Heute hat sie ihren Heimathafen in Wismar.

Kennengelernt haben wir uns im Juni 2001. In meinem Urlaub wollte ich die Ostseeküste in den neuen Bundesländern erkunden und landete gegen Ende in Boltenhagen. An einem regnerischen, nassen Tag machte ich einen Ausflug nach Wismar, und als ich durch den Alten Hafen schlenderte, sah ich sie dort liegen und las das Schild: „Segeltörn in die Wismarer Bucht, Abfahrt 14.00 Uhr". Aber irgendwie – es war mir zu kalt, zu nass, ich hatte keine Regenkleidung dabei und war sowieso schon durchgefroren.

Am Abend dachte ich nur: Andrea, du bist wirklich eine blöde Kuh. Dein ganzes Leben lang träumst du davon, mal mit einem größeren Segelschiff rauszufahren – und jetzt hast du die Chance, und es ist dir zu kalt und zu nass, und du hast nicht die richtigen Klamotten dabei. Könnte es sein, dass du alt wirst?

Keine Frage, am nächsten Tag stand ich pünktlich um Viertel vor zwei an der Jane in Wismar – und genoss den Törn unsagbar!

Während der Fahrt reichte Micha, der Skipper, Visitenkarten herum und wies auf Mehrtagesfahrten mit der Jane hin. Und als ich wieder zu Hause war, war eine meiner ersten Aktionen, im Internet die Website der Jane anzuklicken, Mehrtagesfahrten. Für Anfang August wurde ein Törn als Zubringer zur Hanse-Sail in Rostock angeboten, dem Treffen der Großsegler. Das wäre toll! Mit einem Segelschiff zum Treffen der Segelschiffe! Ich befragte meinen Terminkalender und den Pfarrer – und meldete mich kurzerhand an.

Aber je näher der Termin rückte, umso mehr Bauchweh bekam ich. Fünf Tage mit Leuten, die ich nicht kenne, auf engstem Raum beieinander? War ich denn des Wahnsinns? Und was, wenn Sturm käme? Oder fünf Tage Regen? Und dann noch ganz alleine? Ich schwankte zwischen Absagen und Hinfahren und war bis zum letzten Tag unentschlossen. Mach ich's – oder mach ich's nicht? Was würde da auf mich zukommen? Würde ich das packen?

Kneifen wollte ich eigentlich nicht; aber so rechte Urlaubsstimmung wollte auch nicht aufkommen. Und noch auf der Fahrt nach Mecklenburg-Vorpommern überlegte ich, ob ich jetzt nicht einfach eine Autopanne habe ...

Mir half dann die Erinnerung an meine Fußwallfahrt nach Santiago de Compostela – sieben Wochen, auf die ich mich auch eingelassen habe, ohne zu wissen, was da auf mich zukommt. Ich habe es überlebt – und ich habe es nicht nur überlebt, sondern mir wurden Erfahrungen geschenkt, die mein Leben geprägt haben. Und mit einer gewissen Schicksalsergebenheit ging ich dann an Bord. Sozusagen mit dem Leben abgeschlossen – jetzt würde man sehen, was kommt ...

Es wurden fünf unvergessliche Tage! Für mich war alles neu und fremd. Ich wusste ja noch nicht mal, ob ich seekrank werden würde. Und je neuer und fremder etwas ist, umso eher ist alles in mir bereit, die Eindrücke ganz offen aufzunehmen. Wenn ich nicht mit Angst reagiere, sondern mit Neugier ...

Ich habe mich verliebt in diese Weite des Meeres und des Himmels, in die Wellen und das Singen des Windes in den Wanten. Ich habe unsagbar bewusst den Kontrast zwischen der Verlorenheit auf dem Meer und der Geborgenheit im Hafen erlebt – und die Sehnsucht, die einen am nächsten Morgen wieder in die Weite hinaustreibt.

*Andrea Schwarz*

# Geh deinen Weg

Geh deinen Weg ruhig – mitten in Lärm und Hast – und wisse, welchen Frieden die Stille schenken mag.

Steh mit allen auf gutem Fuß, wenn es geht, aber gib dich selber dabei nicht auf.

Sage deine Wahrheit immer ruhig und klar, und höre die anderen auch an, selbst die Unwissenden und Dummen – auch sie haben ihre Geschichte.

Wenn du dich selbst mit anderen vergleichen willst, wisse, dass Eitelkeit und Bitterkeit dich erwarten. Denn es wird immer größere und geringere Menschen geben als dich.

Sei immer du selbst – vor allem: Heuchle keine Zuneigung, wo du sie nicht spürst. Erwarte heilsame Selbstbeherrschung von dir.

Im Übrigen aber sei freundlich und sanft zu dir selbst.

Lebe in Frieden mit Gott, wie du ihn jetzt für dich begreifst.

Und was auch immer deine Mühen und Träume sind in der lärmenden Verwirrung des Lebens – halte Frieden mit deiner eigenen Seele.

Du bist ein Kind der Schöpfung, nicht weniger wert, als die Bäume und Sterne es sind. Du hast ein Recht darauf, hier zu sein.

Und ob du es merkst oder nicht – ohne Zweifel entfaltet sich die Schöpfung so, wie sie soll.

*Aus Irland (1692)*

# 2
# *Miteinander unterwegs*

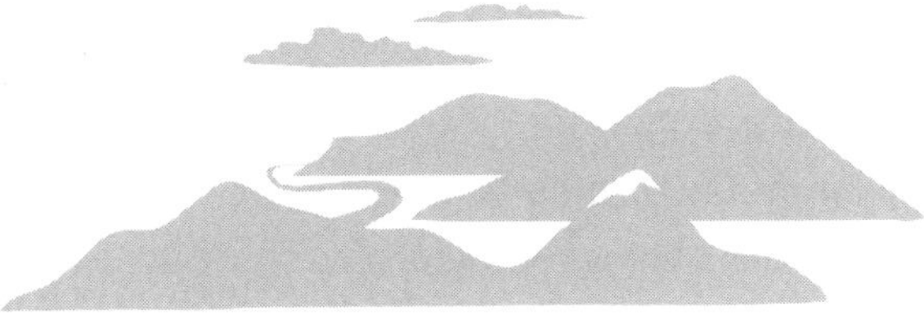

# Besuch

Gestern war ein Fremder
als Gast in meinem Haus.
Ich teilte mit ihm meine Speise,
ich füllte ihm den Becher zum Trinken,
ich spielte ihm ein Lied.

Und im Namen der Dreifaltigkeit
segnete mich der Fremde,
mich und meine Lieben,
mein Haus und mein Vieh.

Und über dem Dach
jubelte die Lerche:
Oft, oft, ja oft
kommt Christus durch unseren Ort
im Gewand eines Fremden.

*Aus Irland*
*aufgezeichnet von Rainer Haak*

# Mit dir auf dem Weg

dir nahe sein
und mich doch nicht in dir verlieren
mich dir hingeben
aber mich nicht aufgeben
von dir gehalten sein
und dich doch nicht festhalten

dir verbunden sein
und doch Freiheit atmen
in dir geborgen sein
und doch auf dem Weg bleiben
zu dir gehören
aber dich nicht besitzen

dich lieben
und doch lassen
Weggefährte bei der Suche
auf Heimat hin

*Andrea Schwarz*

# Weggefährten

Seit einiger Zeit begleitet mich ein kraftvolles inneres Bild. Ich sehe viele Menschen auf der ganzen Welt, die voll und ganz dastehen im Leben: Menschen, die geradestehen für ihr Leben, für ihre Gaben und ihre Grenzen. Menschen, die täglich üben, bewusst dazustehen, um Gott als tragenden Grund zu erfahren. Menschen, die aufstehen und sich auf den Weg machen, um Kranken, Einsamen, Fremden und Ausgegrenzten entgegenzugehen.

In diesem Bild verdichtet sich, was jedem verheißen ist: Christus steht auf in uns, um uns und unser Leben zu verwandeln ... In all unseren *durchkreuzten* Vorstellungen, in den Enttäuschungen über uns selbst und über andere wird uns die Kraft der Auferstehung zugesprochen. Indem wir die Verletzlichkeit und Brüchigkeit unseres Lebens annehmen, eröffnet sich eine neue Weltsicht. Wir können am Schwierigen wachsen. Gerade da, wo wir nicht mehr weiterwissen, kann sich in uns eine neue schöpferische Lebenskraft entwickeln.

In den letzten Jahren habe ich bei meinen Lesungen und Kursen mit vielen Menschen dieses Dastehen geübt – immer in der Haltung, dass diese schöpferische Kraft letztlich ein Geschenk bleibt ... Die verbindende Kraft, die entsteht, wenn wir etwas achtsam tun, was heute so schwierig geworden ist: bewusst dastehen in der Rückverbindung mit so vielen lebenden und verstorbenen Menschen, die aufgestanden sind für das Leben. Diese österliche Lebensgrundhaltung verbindet mich auch zutiefst mit kranken und behinderten Menschen, die nicht mehr aufstehen können und die durch ihr alltägliches Einüben, zu ihrer besonderen Begrenzung Ja zu sagen, noch tiefer im Leben und im Vertrauen Gottes stehen.

*Pierre Stutz*

# Der Segen der Gemeinschaft

In der „Arche"-Gemeinschaft Daybreak sind Feiern ein wichtiger Teil unseres gemeinsamen Lebens. Eine bewegende Feier, die ich nicht vergessen werde, fand anlässlich der Fertigstellung und Vorstellung von Bills „Lebensalbum" in unserer Gemeinschaft statt. Dieses „Lebensalbum" enthält eine bunte Sammlung von Fotos, Geschichten, Erinnerungen an besondere Ereignisse, Aufzeichnungen und Briefen, die zu einer Art Biographie zusammengestellt wurden.

Als Bill nach Daybreak kam, war er sechs Jahre alt und besaß fast keine Erinnerungen. Er hatte eine sehr schwere Kindheit hinter sich und wusste kaum, was Liebe und Freundschaft ist. Seine Vergangenheit war so zerbrochen, so leidvoll und so traurig, dass er beschloss, sie zu vergessen. Er war ein Mensch ohne Vergangenheit.

Aber im Laufe der fünfundzwanzig Jahre,

die er inzwischen in Daybreak lebt, ist er mehr und mehr ein anderer geworden. Er schloss Freundschaften, entwickelte eine enge Beziehung zu einer Familie, die er an Wochenenden oder Feiertagen besucht, wurde Mitglied eines Kegelclubs, lernte schreinern und begleitet mich immer wieder auf meinen verschiedenen Vortragsreisen. So schuf er sich ein Leben, das der Erinnerung wert ist. Er fand sogar die Freiheit und den Mut, sich an die eine oder andere leidvolle Erfahrung aus der Kindheit zu erinnern und seine verstorbenen Eltern wieder als Menschen zu sehen, die ihm – bei all ihren Grenzen – das Leben und Liebe geschenkt haben.

So gab es nun genug Stoff für ein „Lebensalbum", weil er jetzt eine schöne, wenn auch leidvolle Geschichte erzählen konnte. Einige seiner Freunde schrieben Bill einen Brief, in dem sie ihre Erinnerung an ihn festgehalten hatten. Andere schickten Fotos oder Zeitungsausschnitte von Begebenheiten, an denen Bill beteiligt war, und wieder andere sandten selbstgemalte Bilder, die zeigen sollten, dass man ihn gern hat. Nach sechsmonatiger Arbeit war das Album endlich fertiggestellt und damit auch der Zeitpunkt gekommen, nicht nur das nun vollendete neue Album, sondern auch Bills Leben, das es darstellt, zu feiern.

Eine große Schar hatte sich zu dieser Feier in der Kapelle der Daybreak-Gemeinschaft eingefunden. Bill nahm das Album in die Hände und hob es über seinen Kopf, damit es alle sehen konnten. Es war ein schönes, großes Ringbuch mit einem farbigen Deckel und vielen bunten, kunstvoll umrahmten Seiten. Wenn es auch Bills persönliches Album war, so war es doch das Werk seiner Freunde und Begleiter.

Wir segneten nun das Album und Bill, der es stolz in Händen hielt. Ich sprach ein Gebet, dass das Album Bill helfen möge, vielen Leuten zu zeigen, was für ein sympathischer, freundlicher junger Mann er ist und wie gut er sein Leben zu meistern versteht. Ich betete auch darum, dass Bill sich an jede Zeit seines

Lebens – an Freude *und* Leid – mit dankbarem Herzen erinnern soll.

Während ich das Gebet sprach, traten Bill die Tränen in die Augen. Gleich nach dem „Amen“ kam er zu mir, umarmte mich, lehnte sich an meine Schulter und schluchzte laut, während er den Tränen freien Lauf ließ. Alle schauten uns an und verstanden, was in diesem Augenblick in Bill vorging. Bill hatte sein Leben erhoben und es uns allen gezeigt. Er selbst war fähig geworden zu zeigen, dass es ein Leben ist, um dankbar zu sein.

Seitdem nimmt Bill sein „Lebensalbum“ auf jede Reise mit. Er zeigt es vor als ein Mensch, der daran glaubt, dass er sich seines Lebens nicht schämen muss, sondern dass sein Leben eine Gabe für andere ist.

Wenn wir den Kelch des Leids und der Freude erheben, damit ihn andere sehen und feiern können, wird er ein wahrer Kelch des Lebens. Bittere Erfahrungen aus der Vergangenheit, an die wir nicht mehr zurückdenken möchten, machen es uns leicht, ein verkürztes, abgekapptes Leben zu führen. Oft erscheint uns die Last der Vergangenheit zu drückend, um sie allein tragen zu können. Scham und Schuldgefühle verleiten uns dazu, einen Teil von uns zu verbergen, und lassen uns dadurch nur ein halbes Leben führen.

Wir brauchen tatsächlich einander, um unser Leben voll und ganz zu unserem Leben zu machen und es voll und ganz zu leben. Wir brauchen einander, um uns von den Einschränkungen, die wir uns selbst auferlegen, zu befreien und nicht nur für unsere Erfolge und Leistungen dankbar zu sein, sondern auch für unser Versagen, unsere Versäumnisse und Unzulänglichkeiten. Wir müssen fähig sein, unseren Tränen freien Lauf zu lassen, den Tränen des Schmerzes wie der Freude, den Tränen, die wie Regen auf dürren Boden fallen. Wenn wir so unser Leben füreinander erheben, können wir tatsächlich „Auf das Leben!“ sagen, weil alles, was unser Leben umfasst, nun der fruchtbare Boden für die Zukunft wird.

Meistens blicken wir auf unser Leben zurück und sagen: „Ich bin für alles *Gute* dankbar, das mich zu dem werden ließ, der ich bin." Erheben wir aber unseren Kelch „Auf das Leben", müssen wir den Mut haben zu sagen: „Ich bin für *alles* dankbar, was ich mitgemacht habe und was mich bis hierher geführt hat." Diese Dankbarkeit, die alles aus unserer Vergangenheit umfasst, macht unser Leben zu einer wirklichen Gabe für andere, weil sie Verbitterung, Groll, Reue und Rachlust wie auch alle Eifersucht und Rivalität auslöscht. Sie lässt unsere Vergangenheit zu einer fruchtbaren Gabe für die Zukunft werden und macht unser Leben – in all seinen Schattierungen – zu einem Leben, das Leben schafft.

*Henri Nouwen*

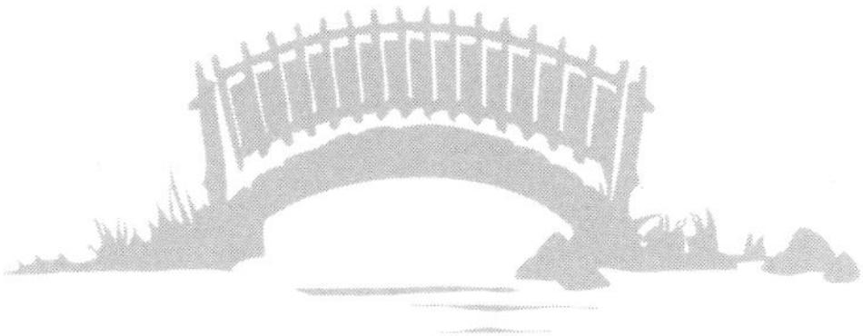

# Gemeinschaft

Wenn du mich festhalten willst
mein Freund
wirst du mich verlieren

wenn du mich begleiten willst
mein Freund
zum befreiten Mensch-Sein

wächst zwischen uns
eine Gemeinschaft
die unser beider Leben
prägen wird

*Margot Bickel*

# Stärke für den Weg

*„Sie riefen Rebekka herbei und fragten sie: Willst du mit diesem Mann reisen? Sie antwortete: „Ja, das will ich“* (Genesis / 1 Mose 24,58). Rebekka ist eine Frau aus Nahors. Sie ist jung und schön.

„Abenteuerlustig“, sagt ihr Bruder.

„Eigensinnig!“, sagt ihre Mutter.

„Das Mädchen weiß, was sie will“, sagt ihr Vater. „Das hat sie von mir!“

Nein, was ihre Familie über sie denkt, steht nicht in der Bibel. Ihren Namen, ihre Stadt, das erfahre ich. Nicht viel mehr. Aber sie ist eine der wenigen Frauen in den biblischen Erzählungen, der wir ein großes Stück ihres Lebensweges folgen können, von ihrer Jugend bis zum Alter. Sie ist eine starke Persönlichkeit, klug und voller Selbstvertrauen. Sie wird niemals als „religiös“ oder „fromm“ geschildert. Wir hören kein Gebet, kein Loblied von ihren Lippen, keinen Hilferuf, sei es an himmlische oder irdische Mächte. Wenn man nach dem Prototyp eines mündigen Menschen sucht, kann man die Erzählung von Rebekka mit großem Gewinn lesen. Sie ist stark und fähig, und es dauert seine Zeit, bis sie an ihre Grenze kommt.

Am Anfang der Erzählung erfahren wir, dass Rebekka eine entfernte Verwandte von Sara ist. Sara, die mit Abraham aufbrach, um ein anderes Land zu suchen. Seitdem sind viele Jahre vergangen. Sara ist gestorben. Der Sohn Isaak betrauert den Tod seiner starken Mutter. Abraham sendet einen seiner Männer aus, den treuen Diener Elieser, um eine passende Frau für Isaak zu suchen. Der Bursche hängt ja nur noch herum und hat alle Lebenslust verloren ...

Hier steht nun Rebekka abends am Brunnen. Sie will Wasser holen für ihre Familie und das Vieh. Das ist kein Bilderbuchidyll im warmen Gegenlicht, sondern harte körperliche Arbeit. Wie viel trinkt ein Kamel? Wie viel trinken zehn? Wie viele Eimer müssen mit dem groben Seil hinuntergelassen und wieder emporgezogen werden? Dort trifft sie der alte Mann, den Abraham ausgesandt hat.

Er achtet nicht so sehr darauf, dass sie jung und schön ist. Er sieht auf ihre Arme. „Wenn sie auch meinen Kamelen Wasser geben will, ist sie die Richtige. Die Richtige muss stark sein.“ Rebekka ist stark. Sie will. Sie gibt dem Fremden Wasser, und ohne dass er sie darum bittet, zieht sie auch Wasser für seine Tiere herauf. Sie tränkt seine Kamele ...

Das Gespräch am Brunnen schließt damit, dass Elieser nach Hause zu Rebekkas Familie eingeladen wird. Er hat bereits Zeit gehabt, sich zum Boden zu neigen in Dankbarkeit dafür, dass er die Richtige gefunden hat, und sie hat einen schönen Armring als Geschenk entgegengenommen, aber damit ist die Sache noch nicht klar. Hier läuft alles nach den alten Traditionen ab: Zuerst gibt es ein Abendessen, dann folgen die Hochzeitsverhandlungen. Elieser ist kein junger Mann, und er braucht genügend Zeit. Umständlich und weitschweifig erzählt er Rebekkas Eltern die ganze Geschichte: von Saras Tod, Isaaks Trauer, Abrahams Auftrag, von seinen eigenen Zweifeln, von dem Gebet um ein deutliches Zeichen, dem Zusammentreffen mit Rebekka am Brunnen und der erstaunlichen Antwort auf seine Gebete. Sicher zog sich das lange hin, bis in die Nacht, und das muss eine harte Prüfung für so eine ungeduldige junge Frau wie Rebekka gewesen sein.

Als Elieser sein Anliegen in ihrem Elternhaus vorgebracht hat, nimmt sie die angebotene Bedenkzeit nicht in Anspruch. Sie antwortet direkt: „Ich reise morgen!"

Die Erzählung setzt wieder ein mit der ersten Begegnung zwischen Rebekka und Isaak. Sie erblicken einander von weitem. Er ist draußen auf dem Feld „in düsteren Gedanken", als die Silhouette einer Frau, die auf einem Kamel reitet – kaum sichtbar für das bloße Auge – am Horizont auftaucht. Er sieht sie. Sie sieht ihn. Und als sie näher kommt, verbirgt sie ihr Gesicht hinter einem Schleier.

Nicht ein Wort wird darüber verloren, was die zwei bei ihrer ersten Begegnung empfinden, aber man kann deutlich „hören“, wie der Erzähler den Atem anhält. Es dauert nicht lange, bis Isaak Rebekka in Saras Zelt führt. Sie ist die neue Frau in seinem Leben. Und die Erzählung sagt uns, kurz gefasst und zurückhaltend, dass er sie liebt. Sie tröstet ihn in der Trauer um seine Mutter.

Isaak wurde getröstet in der Trauer um seine Mutter, sagt die Erzählung. Wer tröstete Rebekka? Woher holte sie ihre Stärke? Ihr Leben wurde alles andere als leicht. Es dauerte wohl nicht lange, bis ihr klar wurde, dass sie all ihre Kräfte benötigt, um damit fertigzuwerden. Lange habe ich mich gefragt, wie Rebekka dieses Leben ertragen konnte. Bis ich eines Tages eine kurze Notiz las, weiter hinten in der Erzählung, mitten in der Geschichte von Jakob. In einigen wenigen Zeilen erfahren wir, dass „Debora, Rebekkas Amme, starb und unter einer Eiche begraben wurde, die den Namen Träneneiche erhielt“.

Ich glaube, dass Rebekka ein großes Vertrauen in ihre eigene Kraft und ihre Möglichkeiten hatte. Sie war wirklich stark, und das wusste sie. Sie nahm das als selbstverständlich hin. Das Problem mit starken und guten Menschen ist, dass sie lange Zeit brauchen, bis sie ihre Grenzen erkennen. Vielleicht fand Rebekka ihre Grenze erst, als sie ziemlich alt war. Und da, so glaube ich, entdeckte sie etwas sehr Wichtiges: Sie hatte das alles nicht allein geschafft. Sie hatte es als gegeben hingenommen, als selbstverständlich – ein Geschenk, das sie Tag für Tag erreicht hatte, aus einer stillen, unterirdischen Quelle. Jemand war ihr ein Leben lang gefolgt, eine Person, die ihre grundlegenden Bedürfnisse erfüllt hatte, lange bevor sie reden oder sich erinnern konnte. Diese Person war Debora.

Als die Erzählung von Rebekka beginnt, ist sie eine Frau ohne Namen. Als Rebekka Nahors verlässt, ist nur von „einigen Dienern" die Rede, die mit ihr ziehen, darunter auch die Amme. Aber die Jahre vergehen. Mit der Zeit löst sich die Amme aus der selbstverständlichen Anonymität. Debora wird sie selbst, eine Person, und sie gibt einem Baum ihren Namen. Als Debora stirbt, hat Rebekka eingesehen, dass sie die heimliche Quelle ist, die ihr Kraft und Gnade spendet, ohne selbst eine große Sache daraus zu machen.

Gnade ist kein Blitz vom Himmel, und Gnade ist auch keine Belohnung für gutes Verhalten. Gnade ist Gottes unterirdischer Liebesstrom, der durch unser Leben fließt. Egal, ob wir das merken oder nicht!

*Ylva Eggehorn*

## Wege, die verändern

In Gesprächen erfahre ich, wie viele Pflegerinnen sich weit über das Dienstliche hinaus engagieren. Da erzählt die eine: „Ich bringe manchmal Kuchen mit. Das Strahlen in den Augen der alten Frau belohnt mich dafür." Und eine andere berichtet: „Der alte Mann weint jedes Mal, wenn ich gehe, weil ja niemand sonst vorbeikommt. Und dann bleib ich halt noch und höre mir seine Geschichte an." Dass diese Frauen und die wenigen Männer in diesem Beruf so wenig Anerkennung erhalten, ärgert mich. Sie tragen wirklich die Lasten anderer mit und stehen gleichzeitig unter großem Druck.

Vielleicht müssen wir in Deutschland neu lernen, dass Nächstenliebe, einen anderen ent-lasten, auch für uns selbst eine tiefgreifende, ja verändernde Erfahrung ist. Es lässt sich nicht alles in Zahlen, Daten und Fakten verrechnen.

Im Leben sind es oft gerade die überraschenden Erfahrungen, auf die wir nicht eingestellt waren, die sich tief in unser Gedächtnis einprägen. Und es bereichert uns selbst, wenn wir anderen zur Seite stehen. Wie viel gäbe es zu tun, wie viele Einsame zu besuchen, wie viele Mütter zu entlasten, wie viele Kinder zu begleiten in diesem Land. Die so genannte „gute Tat" tut nicht nur dem Empfänger oder der Empfängerin gut! Wer etwas gegeben hat, wer hilft, spürt doch auch innerlich Freude, Glück. Ein solcher Mensch kann den eigenen Weg gesegnet weitergehen.

*Margot Käßmann*

# Nachtdienst

Gott kommt uns entgegen
bei Licht und in Dunkelheiten.
Er geht mit uns tags und nachts.
Wir können Einsamkeit riskieren
und Angst zugeben.
Und wir können füreinander
den Nachtdienst übernehmen.

*Franz Kamphaus*

# Segen der Begegnung

Es gibt Begegnungen,
in denen alles in dir hell wird,
die deine Seele
aufleuchten lassen,
als stünde ein Engel
im Raum.

Ich wünsche dir
das Geschenk solcher heiligen Augenblicke,
in denen dir das Licht des Himmels
mitten ins Herz scheint.

*Christa Spilling-Nöker*

# Tausend Wege

Du kannst nicht leben ohne Menschen, die dich mögen, Menschen, die dir von Zeit zu Zeit unaufgefordert zu verstehen geben: Mensch, ich hab dich gern. Das ist von größter Bedeutung in der Ehe. Das ist eine Lebensnotwendigkeit für ein Kind. Eine Quelle des Glücks für einen alten Menschen. Ein Stück Gesundheit für einen kranken Menschen. Ein stiller Trost für einen einsamen Menschen.

Es müssen nicht teure Aufmerksamkeiten sein. Geschenke können auch dazu missbraucht werden, um Menschen zu betäuben, dass keine Liebe mehr da ist.

Wahre Liebe findet tausend Wege zum Herzen des Mitmenschen, Wege, auf denen du dich selbst verschenkst, gratis.

Durch tausend Fäden sind wir miteinander verbunden. Ein Leben hängt am anderen.

Mein Leben kann sich nur entfalten mit anderen. Ich brauche sie nicht nur, weil ich auf sie angewiesen bin und sie so viel für mich bedeuten. Ich brauche sie auch, weil ich so viel für sie tun kann.

Ich habe Augen, um die anderen zu sehen, Ohren, um sie zu hören, Füße, um zu ihnen zu gehen, Hände, um sie ihnen zu geben, und ein Herz, um sie zu lieben.

*Phil Bosmans*

# Der Weg der Gemeinschaft

Der heilige *Benedikt* fordert seine Mönche auf, sich gegenseitig zu gehorchen. Wir brauchen den Bruder und die Schwester, den Freund und die Freundin, wir brauchen den Ehepartner, um zu entdecken, wie es um uns steht. Gerade im Miteinander einer Familie kommt es darauf an, aufeinander zu hören, auf die wirklichen Bedürfnisse der anderen zu hören, die mir sagen, was den anderen in seinem Herzen eigentlich bewegt.

Jede Begegnung lebt vom offenen Ohr und vom offenen Herzen. *Martin Buber* meint, die Kunst würde darin bestehen, das Herz ganz nah an seinem Ohr zu haben, mit dem Herzen zu hören, was der andere mir sagen möchte. Gehorsam heißt dann: zulassen, was der andere mir zu sagen hat, die Botschaft und die Herausforderung des anderen an mich heranlassen. Im Mönchtum wird in diesem Zusammenhang das Thema des schwierigen Mitmenschen behandelt, der mich auf meine eigenen Wunden hinweisen möchte, der mir meine blinden Flecke aufdeckt. *Hermann Hesse* meint einmal: „Was nicht in uns ist, das regt uns auch nicht auf." Wenn wir sehr emotional auf einen Menschen reagieren, ist das ein Zeichen, dass er uns auf die eigenen Schatten hinweist. Der andere ist eine wichtige Quelle der Selbsterkenntnis.

Ohne die Konflikte mit unseren Freunden, mit unseren Partnern würden wir nie erkennen, was uns eigentlich bewegt, wo wir uns selbst noch nicht angenommen haben.

Unser Novizenmeister meinte einmal, Gott schicke ihm immer die Novizen, die gerade seine Schattenseiten aufdecken. Das gilt auch von den Kindern einer Familie, die den Eltern meistens die Seiten vorspiegeln, die sie bei sich selbst verdrängt und nicht zugelassen haben.

Es gibt wohl keinen, der nicht in eine menschliche Gemeinschaft eingebunden ist, sei es die Familie, die Gemeinde, die Firma oder der Freundeskreis. Menschliches Miteinander wird nur möglich, indem wir aufeinander hören. Wenn jeder in der Gemeinschaft der Kirche, des Staates, des Dorfes, der Familie nur auf sich selbst hören würde, entstünde ein Chaos. Wir müssen auch auf die anderen hören, nicht um alles zu übernehmen, was die anderen sagen, sondern um zu spüren, wie wir mit unseren verschiedenen Ansichten und Bedürfnissen auf einen gemeinsamen Nenner kommen.

Gehorsam meint die Bereitschaft, sich auf die Gemeinschaft einzulassen, seine eigenen Bedürfnisse nicht absolut zu setzen, sondern in der Gemeinschaft ein eigenes Gut zu sehen, eine Gabe, die das menschliche Leben bereichert. Gehorsam meint ein gemeinsames Hinhören, wo Gott unsere Familie, unsere Gemeinde, unseren Kreis heute herausfordern möchte, wie wir konkret eine Antwort geben könnten auf die Zeichen unserer Zeit. Gehorsam heißt Zulassen neuer Möglichkeiten in uns selbst, indem wir aufeinander hören. Gehorsam heißt aber auch, neue Wege in der Verantwortung für unsere Welt zu beschreiten, gemeinsam politische Fantasie zu entwickeln, um nicht nur für unseren kleinen Kreis, sondern für diese Welt Wege des Miteinanders und der Versöhnung zu finden.

*Anselm Grün*

## Verantwortung

Jeder ist für alle verantwortlich.
Jeder ist allein verantwortlich.
Jeder ist allein verantwortlich für alle.

*Antoine de Saint-Exupéry*

# Dein Nächster ist wie du

„Liebe deinen Nächsten, denn er ist wie du!“, übersetzt *Martin Buber* das Liebesgebot aus der Bibel. Es hilft mir, die Spirale des Sündenbockmechanismus zu überwinden. Es bedeutet, das, was mich stört beim andern, auch in mir zu entdecken; es bedeutet, bei mir anzufangen, die Unzufriedenheit, die Überforderung, die Ängste wahrzunehmen. Es bedeutet, die Tür zu meinen Gefühlen zu öffnen und, falls ich den Schlüssel verloren habe, ihn mit Nachdruck und Behutsamkeit zu suchen: indem ich Momente des Innehaltens fördere, die mir helfen, meine Motivation und meinen Umgang mit mir und anderen zu überprüfen.

*Pierre Stutz*

ARTIKEL:
829.484
GR.: 40

Peter Hahn

# Der treue Gefährte

Es begab sich im Jahre 1080, als dreißig Männer aus Lothringen zum Apostelgrab nach Galicien aufbrachen. Es waren allesamt Ehrenleute, die sich, so sagt man, vor ihrem Abmarsch zu einem Treueschwur zusammenfanden.

„Auf unserer Pilgerschaft wollen wir uns für Zeiten der Not und der Entbehrung und in der Stunde unseres Todes gegenseitig Hilfe und Beistand zusichern", gelobten sie feierlich, wohl ahnend, dass nicht alle die Heimat wiedersehen würden. Nur einer der Männer hielt sich abseits und gab sein Wort nicht. Die Gefährten machten sich auf, zogen durch die weiten Gegenden Frankreichs und bewältigten die Strapazen, bis sie wohlbehalten den Landstrich der Gascogne erreichten. Dort wurde plötzlich einer der Pilger krank. Er fühlte sich zu schwach, um weiter marschieren zu können. Statt länger in einem der Orte am Wege zu bleiben und ihm Zeit zur Genesung zu geben, waren seine Kameraden auf zügiges Fortkommen bedacht und besannen sich auf ihren Eid. Einmal setzten sie ihn ein Wegstück lang auf den Rücken eines Begleitpferdes, ein anderes Mal nahmen sie ihn abwechselnd auf und trugen ihn auf ihren Schultern oder in den Armen voran. Der Transport des Kranken zehrte an den Kräften der Männer, zumal die Gegenden rauer und die Strecken im Vorland der Pyrenäen beschwerlicher wurden. Sie schafften es bis zum Gebirgsfuß, doch hatten sie für eine Passage, die im Regelfall in einigen wenigen Tagen zu bewältigen war, das Dreifache an Zeit gebraucht. Übermüdet und ausgelaugt machten sie vor dem Aufstieg auf die Passhöhen der Pyrenäen eine Rast und fassten den Entschluss, ihren Gefährten zu verlassen.

„Er ist dem Tode geweiht und raubt uns unsere eigenen Kräfte, die wir im Gebirge dringend brauchen werden“, sagte einer unter dem zustimmenden Nicken der anderen.

Dann kehrten sie sich ohne weitere Rücksicht ab, nahmen ihre Packtiere und setzten ihren Pilgerzug fort. Einzig jener Mann, der keinen Treueeid abgelegt hatte, blieb bei dem Hilfsbedürftigen und wachte die kommende Nacht in einem Örtchen namens Saint-Michel an seiner Seite. Am Morgen, als Sonnenglanz über den Bergen lag und das Grün der Wiesen und Bäume sich gegen den strahlend blauen Himmel abhob, fühlte sich der Kranke wesentlich besser. Er wolle an diesem Tag unter allen Umständen hinauf auf den Pass, sagte er, vorausgesetzt, er dürfe die Hilfe des Freundes in Anspruch nehmen. Der treue Begleiter willigte ein und bekundete, er werde ihn bis zu seinem Tod nicht verlassen. Es sollte ihr letzter gemeinsamer Tag sein ...

In Saint-Michel packten sie ihre Bündel und den kärglichen Proviant, die Stöcke und die Trinkkalebassen. Bald sah man, wie die beiden Gestalten in ihren weiten Umhängen, dicht an dicht und jeder auf seinen Stecken gestützt, im Gebirge verschwanden. Der Gedanke an das Ziel, die Überquerung des Passes, verband sie und ließ sie all die Gefahren vergessen, von denen man ihnen berichtet hatte. Vor Wegelagerern und Wölfen hatte man sie gewarnt, vor den Wetterwechseln und dem barbarischen Volk der Basken. Zu Tagesbeginn kamen sie gut voran, ließen die Tiefen des Tales hinter sich und begegneten keiner Menschenseele. Unablässig zog sich der Pfad steil und steinig bergauf. Trotz des Schattens, den die Blätterdächer der Bäume spendeten, nahm die Hitze über Mittag zu. Ihr beider Atem ging schneller, immer öfter verlangte der Kranke nach einer Pause, nach Wasser. Mühsam kam er erneut auf die Beine und schleppte sich mit Hilfe seines Kameraden voran, der ihm stützend unter die Arme griff und allmählich selber seine Kräfte schwinden sah. Das Gelände wurde unwirtlicher, schroffer, felsiger. Als die Sonne hinter den Gipfeln versank, wurden ihre Strapazen belohnt. Endlich erreichten sie die ersehnte Passhöhe.

„Wir haben es geschafft, endlich geschafft“, stöhnte der Kranke. Es waren seine letzten Worte, ehe das Lebenslicht endgültig in ihm erlosch. Ohnmächtig sank er nieder und hauchte sein Leben aus. Wortlos starrte der Zurückgebliebene auf seinen Gefährten, der neben ihm auf dem harten Gebirgsboden lag. Er bemerkte, wie Angst in ihm aufstieg, spürte die aufziehende Kälte der Nacht, die Einsamkeit. Voller Furcht schaute er um sich und ließ den Blick über Felsgebilde schweifen, die wie geisterhafte Silhouetten wirkten. „Heiliger Jakobus, bitte“, flüsterte er, „lass mich hier nicht allein.“

Im selben Moment tauchte ein Reiter in einem leuchtenden Strahlenkranz auf, der niemand anders war als der Apostel. „Du hast mich gerufen, Bruder? Was machst du hier?“, sprach er hoch von seinem weißen Pferd herab zu dem Fremden. „Herr“, antwortete der Mann, „zuerst möchte ich meinem Gefährten eine Stelle für seine letzte Ruhe bereiten, doch habe ich nichts, womit ich ihn in dieser Öde begraben könnte." – „Hebe den Toten auf und reiche ihn mir", sagte Jakobus. Der Mann tat, wie ihm geheißen. Vorsichtig zog Jakobus den Verstorbenen zu sich heran, setzte den leblosen Körper aufrecht vor sich hin und umfasste ihn mit beiden Armen. „Und nun nimm hinter mir Platz und halte dich gut fest", wies er den Mann an, dem er auf den Rücken des Schimmels half. Dann sprengte das Ross mit den drei Männern fort und erreichte vor Anbruch des Morgens den Monte do Gozo, den „Berg der Freude" vor Santiago de Compostela.

„Geh in die Basilika", trug Jakobus dem Mann zum Abschied auf, „und bitte die Priester dort um eine würdevolle Bestattung dieses Pilgers." Dann setzte er hinzu: „Sobald du siehst, dass die Priester ihr Werk verrichtet haben, und du eine ganze Nacht lang, wie üblich, mit Gebeten verbracht hast, begibst du dich auf den Rückweg. In einer Stadt, die León heißt, wirst du die anderen Männer wiedertreffen und ihnen Folgendes von mir ausrichten: ‚Dadurch, dass ihr den Schwur gegenüber eurem Gefährten treulos gebrochen habt, lässt euch der heilige Apostel durch mich mitteilen, dass ihm eure Gebete und eure Pilgerschaft solange zutiefst missfallen, bis ihr eine angemessene Buße getan habt.'"

Im selben Augenblick löste sich die Erscheinung des Jakobus vor dem Mann in Luft auf. Der treue Pilger befolgte die Weisungen des Heiligen und trat den Weg in die Heimat an. In León begegnete er tatsächlich den verbliebenen achtundzwanzig Männern aus Lothringen, denen er alle Einzelheiten seit ihrer Trennung erzählte und ihnen den Zorn des Jakobus bestellte. Niemand zweifelte an den Worten des alten Gefährten, sondern alle versanken in Scham ob ihrer Tat. Umgehend suchten sie den Bischof von León auf, bereuten glaubhaft ihre Sünde und taten Buße. Schließlich vollendeten sie ihre Pilgerfahrt nach Santiago.

*Erzählt von Andreas Drouve*

# Gemeinsam auf dem Weg

Heute reden wir von Service und von Dienstleistungen, von Kundenorientierung. Mobilität und Flexibilität zeichnen den erfolgreichen Angestellten aus, der im Aufzug zwischen dem ersten und dritten Stock erklären kann, wo sein Platz in der Wertschöpfung der Firma ist. Dienen meint Wertschöpfung in einem anderen Sinn. Die alleinerziehende Mutter einer behinderten Tochter, die sagt: „Wir sind überzeugt, dass behindertes Leben ein schönes Leben ist“, hat den Sinn ihres Lebens entdeckt in der Beziehung zu anderen, die auch in Krankheit und Verlusten trägt ...

Christen sind keine Einzelkämpfer. Die hinter Jesus her sind, halten Tuchfühlung nach rechts und links, haken sich ein. „Einer trage des anderen Last.“ Auch die, die nicht so recht mitkönnen, nehmen wir mit. Wir wagen den Weg gemeinsam, in der Gemeinschaft von Männern und Frauen, von Jugendlichen und

Älteren, von Ausländern und Einheimischen. Für die, die hinter Jesus her sind, gilt nicht das Recht des Stärkeren, sondern das Recht des Schwächeren.

Wenn man sich auf den Weg macht, sollte man möglichst wenig Gepäck mitnehmen. Jesus sagt das seinen Jüngern (Matthäus 10,5–12): „Steckt nicht Gold, Silber und Kupfermünzen in euren Gürtel. Nehmt keine Vorratstasche mit auf den Weg ..." Haben wir nicht in der Regel viel zu viel Zeug bei uns? Die viel mitnehmen, haben es unterwegs schwer. ... Wer nicht viel Gepäck hat, bleibt beweglich, ist veränderungsbereit ...

*Franz Kamphaus*

# Zusage

du brauchst nicht
das Unmögliche
möglich zu machen

du brauchst nicht
über deine Möglichkeiten
zu leben

du brauchst dich nicht
zu ängstigen

du brauchst nicht
alles zu tun

du brauchst
keine Wunder
zu vollbringen

du brauchst dich nicht
zu schämen

du brauchst nicht
zu genügen

du brauchst Erwartungen an dich
nicht zu entsprechen

du brauchst
keine Rolle zu spielen

du brauchst nicht immer
kraftvoll zu sein

und du brauchst nicht
alleine zu gehen

*Andrea Schwarz*

# 3
# *Zeichen auf dem Weg*

## Der Weg der Entscheidung

Wenn ich allein in meinem Kloster bete, dann kommen mir manchmal Zweifel: Stimmt das denn alles, was du dir von Gott denkst, oder ist das nicht alles Einbildung? Stellst du dir das so vor, weil es so schön ist, weil du damit gut leben kannst, weil es sich so besser predigen oder schreiben lässt? Wenn diese Zweifel kommen, versuche ich, sie zu Ende zu denken. Ich sage mir: Ja, das kann sein, dass alles nur Einbildung ist; alle religiöse Literatur ist nur Einbildung, Beruhigung des Menschen, dass er besser leben kann, Illusion, um die Augen vor der bitteren Wirklichkeit zu verschließen.

Doch wenn ich das zu Ende denke, dann kommt eine tiefe Gewissheit in mir auf: Nein, so absurd kann das menschliche Leben nicht sein. Ich kann mir einfach nicht vorstellen, dass all die Heiligen nur Illusionen nachgelaufen sind, dass alle Kultur nur Nervenberuhigung ist. Es ist die Grundfrage, ob wir

Menschen überhaupt etwas von der Wahrheit erkennen können oder ob wir nur im Dunkeln tappen und uns eine Illusion zurechtschneidern. Aber dann ist alles absurd.

Wenn ich diese Absurdität zulasse, spüre ich nicht nur innere Gewissheit, sondern dann entscheide ich mich auch für die Alternative des Glaubens: Ich will auf diese Karte setzen. Ich will einem heiligen *Augustinus* folgen und nicht den Skeptikern, die in der Absurdität des Daseins ihre Lebensphilosophie finden. Und dann bekommt für mich das Gebet eine neue Dimension. Ich darf mich an den Urgrund des Seins, an die Ursache der ganzen Schöpfung wenden als ein Du. Ich darf dieses Du ansprechen, das da hinter dem Schleier der sichtbaren Welt verborgen ist. Ja, dieser Gott, dieses geheimnisvolle Du hat mich zuvor angesprochen.

*Anselm Grün*

# Die Kraft wächst mit dem Weg

wenn du
Gott vertraust
seiner Zusage
glaubst
den nächsten Schritt
wagst

ohne zu ahnen
wohin der Weg führt
ohne zu wissen
wie das Ziel heißt
nur von Hoffnung
und Sehnsucht getrieben

dann wirst du
achtsam bleiben
wach mit allen Sinnen
suchen und sein
und dankbar für Zeichen und Worte
und staunen darüber

wie sich
Schritt für Schritt
ein Weg ergibt
sich das Ahnen verdichtet
der Boden trägt
und zum Quellgrund wird

*Andrea Schwarz*

## Segen vom Jakobsweg

Mögest du aus deinem Weg
eine unaufhörliche Begegnung machen.
Komm aus dir selber heraus.
Teile deine Erfahrungen mit,
deine Erlebnisse.
Verteidige deine Ansichten.
Mögest du jegliche Art
von Grenzen überwinden.

*Aufgezeichnet von Andreas Drouve*

# Menschen im Übergang

Zu den alltäglichsten Dingen unseres alltäglichen Alltags gehört das Gehen. Man denkt nur daran, wenn man nicht gehen kann, sondern eingesperrt oder gelähmt ist. Dann empfindet man das Gehen-Können plötzlich als Gnade und als Wunder. Wir sind nicht Pflanzen, die an eine ganz bestimmte Umwelt gebunden sind, wir suchen selbst unsere Umwelt auf, wir verändern sie, wir wählen und – gehen.

Wir erleben uns selbst im Wandeln als die sich selbst Wandelnden, als die Suchenden, die erst noch ankommen müssen. Wir erfahren, dass wir die Wanderer zu einem Ziel, aber nicht die ins bloß Leere Schweifenden sein wollen. Wir empfinden uns nochmals im Gang in das schwere Unvermeidliche als die Freien, wenn wir nur selbst diesem Auferlegten noch entgegengehen dürfen. Wir sprechen von einem Lebenswandel, und die erste

Bezeichnung der Christen war die der „Leute vom Wege“ (Apostelgeschichte 9,2) ... Wir reden vom „Gang“ der Ereignisse, vom guten „Ausgang“ eines Unternehmens, vom „Zugang“ zum Verständnis, von verlogenem „Hintergehen“ eines Menschen, vom Geschehen als einem „Vorgang“, vom Wechsel als einem „Übergang“, vom Ende als einem „Untergang“; wir sehen das Werden als einen „Aufstieg“, unser Leben als eine Pilgerschaft, die Geschichte als einen Fortschritt; wir halten etwas Verständliches für „eingängig“, einen Entschluss für einen „Schritt“ ... Schon diese ganz kleinen und wenigen Hinweise zeigen, wie sehr wir unser ganzes Leben immer wieder interpretieren am Leitfaden der ganz ursprünglichen Erfahrung unseres alltäglichen Gehens.

Wir gehen, und wir sagen durch dieses ganz physiologische Geschehen allein schon, dass wir hier keine bleibende Stätte haben, dass wir auf dem Weg sind, dass wir erst noch wirklich ankommen müssen, noch das Ziel suchen und wirklich Pilger sind, Wanderer zwischen zwei Welten, Menschen im Übergang, bewegt und sich bewegend, die auferlegte Bewegung steuernd und in der geplanten Bewegung erfahrend, dass man nicht immer dort ankommt, wohin der Gang geplant war ...

Wir gehen, wir müssen suchen. Aber das Letzte und Eigentliche kommt uns entgegen, sucht uns, freilich nur, wenn wir gehen, wenn wir entgegengehen. Und wenn wir gefunden haben werden, weil wir gefunden wurden, werden wir erfahren, dass unser Entgegengehen selbst schon getragen war (Gnade nennt man dieses Getragensein) von der Kraft der Bewegung, die auf uns zukommt, von der Bewegung Gottes zu uns.

*Karl Rahner*

# Wo willst du hin?

Wohin ich will und wohin ich tatsächlich gehe, das kann ein Unterschied sein. Selbst wenn ich liebend gern in Richtung Himmel will, klappt das nicht ohne eine gezielte Lebens-Ausrichtung. Gefährlich, nur in die Vergangenheit zu schauen. Gefährlich auch, den Blick nur nach vorn zu richten. Du erstarrst zur Salzsäule, lebst gar nicht mehr richtig, nicht mehr im Augenblick. Du darfst zwar zurückschauen, aber mit Maß – um daraus zu lernen, um dich in Erinnerungen wohlzufühlen. Du musst auch nach vorn blicken, aber mit Maß – und optimistisch: Du weißt nicht, was sein wird, doch du weißt, wer für dich da sein wird, nämlich dein Gott. Meist jedoch solltest du, statt in die Vergangenheit oder die Zukunft zu schauen, voll im Augenblick leben.

*Uli Heuel*

# Die beiden Wege

Gut ist es für den Menschen,
wenn er sich nicht
ein X für ein U vormachen lässt,
sondern sein Urteil selber bildet,
wenn er nicht ausgetretene Pfade geht,
sondern es wagt,
seinen ganz persönlichen Weg zu gehen,
wenn er nicht mit den Wölfen heult,
sondern sich immer wieder
in die Einsamkeit zurückzieht.

Ja, gut ist es für den Menschen,
das Wort Gottes zu hören
und in den eigenen Mund zu nehmen,
zergehen zu lassen wie ein Stück Schokolade
und tagelang zu verkosten.

Ein solcher Mensch ist ein Baum,
der fest dasteht, tief im Boden verwurzelt,
nahe am sprudelnden Bach,
voll von grünen und saftigen Blättern
und voll von köstlichen Früchten.

Der oberflächliche Mensch jedoch ist Spreu,
nirgendwo verankert,
jedem Windhauch ausgesetzt,
bald einmal verweht,
vergangen, verloren, vergessen.

Keiner fragt nach ihm, niemand vermisst ihn.
Heute schon ist er tot.
Und nie wird er wirklich leben.

*Psalm 1*
*in der Übertragung von Anton Rotzetter*

## Aus der Sicht des Wanderers

Jesus zieht mit seinen Jüngern wandernd umher und sagt von sich selbst: „Die Füchse haben ihren Bau, die Vögel haben ihr Nest – aber der Menschensohn hat nichts, wo er sein Haupt hinlegen kann." Jesus ist ein Wanderprediger, er ist unterwegs. Aus der Sicht eines Wanderers, von einem, der unterwegs ist, ergeben die *Seligpreisungen* ... einen neuen und überraschenden Sinn.

„Selig, die arm sind" – jeder Besitz bindet – und die Stoßseufzer bei bevorstehenden Umzügen sind gut bekannt: Wozu braucht man eigentlich diesen Kram? Der Wanderer ist dankbar für wenig Gepäck, er sucht sich sehr sorgfältig aus, was er mitnimmt und was er zurücklässt. Wer an seinem Besitz, an seinem Reichtum hängt, dem fällt Aufbruch schwerer als dem, der sich trennen kann, der loslassen kann. Für den Wanderer gilt tatsächlich: Selig, der arm ist ...

„Selig, die hungern" – wer aufbricht, losgeht, den treibt eine Sehnsucht, der ist hungrig nach etwas, bei dem ist irgendwas unerfüllt, der ist ausgerichtet auf ein Ziel. Wer satt ist, der bleibt daheim und legt sich aufs Sofa zum Mittagsschlaf.

„Selig, die weinen" – wer unterwegs ist, bei dem kommt etwas in Bewegung, der wird berührbar, der lässt sich anrühren. Wer seine Sicherheiten aufgibt und aufbricht, in die Fremde geht, der lässt sich aufbrechen – und das kann ganz schön wehtun und da können die Tränen locker sitzen ...

*Andrea Schwarz*

# Nirgendwo heimatlos

von Sehnsucht getrieben
streife ich unruhig umher
kein Ort ist mehr Heimat
das Brot stillt den Hunger nicht

irgendwo ankommen
nur um neu vertrieben zu werden
Augenblicke des Glücks
vom Wind verweht

und wieder die endlose Straße
Staub und Sand
und unverhofft geschenkt
ein Obdach für die Nacht

einen Moment lang
Freundschaft atmen
funkelnder Wein im Glas
Nähe und verstehendes Schweigen

und am Morgen neu aufbrechen
wieder loslassen
mit Tränen in den Augen
und doch voll Hoffnung

getrieben von unendlicher Sehnsucht
und nirgendwo heimatlos

*Andrea Schwarz*

## Kein Weg ohne Irrtum

Mitunter beklagst du die vielen Irrtümer, die dir im Laufe deines Lebens unterlaufen sind. Aber vielleicht sind gerade sie es, die dich auf den richtigen Weg gebracht haben. Ich möchte dir jedenfalls Mut machen, deine angefangene Richtung nun auch zu Ende zu gehen.

*Christa Spilling-Nöker*

# Gelassenheit in Entscheidungsfragen

„Was hindert dich, eine Entscheidung zu treffen?", ist eine Frage, die ich mir und vielen Menschen stelle, die mehr aus der Lebenstiefe, aus dem Sein ihr Leben, ihren Berufsalltag gestalten möchten. Ich gehe davon aus, dass wir lebensbehindernde Gedanken, Motive, Mechanismen mit uns schleppen und uns schwertun, sie aufzugeben. Obwohl es uns viel Energie kostet, diese lebensfeindlichen Muster Tag für Tag mit uns zu tragen, erscheint uns dies einfacher zu sein, als uns von diesen vertrauten Gedanken zu lösen. Denn sich entscheiden bedeutet, der Kraft eines Neuanfangs zu vertrauen. Appelle und Ratschläge helfen da nicht weiter. Wir brauchen die Achtsamkeit, die lähmenden Behinderungen in uns anzunehmen, denn nur so können sie verwandelt werden. Menschen, die sich schwertun, sich zu entscheiden, sind oft von der Angst des Loslassens geprägt. Erst wenn diese Angst ernst genommen wird und eine Ausdrucksform erhält, kann sie sich auflösen. – Darum beginnt der Weg zu mehr Gelassenheit in Entscheidungsfragen beim Auflisten von lebenslähmenden und lebensbehindernden Gedanken:

Was hindert mich, eine Entscheidung zu treffen? – Ich nehme dazu ein großes Blatt oder ein Heft und schreibe all die Ängste und Unsicherheiten auf. Nach einer gewissen Zeit versuche ich, die verschiedenen Ängste zu gruppieren, um Zusammenhänge zu entdecken. Welche lebensbehindernden Sätze prägen mein Leben? ... Meine Entscheidungskraft entfaltet sich durch das Bewusstwerden so genannter banaler, lächerlicher Erfahrungen.

Welche lebensfördernden Worte haben mir geholfen und helfen mir noch, entschiedener im Leben zu stehen? Wie gebe ich ihnen mehr Gehör, Beachtung, Gewicht?

*Pierre Stutz*

# In Zeiten der Entscheidung

In Zeiten der Entscheidung
in denen Angst und Panik
mich bestimmen wollen
schließe ich die Augen
um den heiligen Raum in mir
zu betreten
wo niemand Zutritt hat
mich die Erwartungen nicht erreichen
wo ich sein darf
und meine Selbstsicherheit
Entfaltung findet

In Zeiten der Entscheidung
in denen meine Gedanken und Gefühle
voller Widersprüchlichkeiten sind
und ich mich in Spekulationen verliere
traue ich dem Hinweis Gottes in mir
der ermutigt
der Kraft des Hier und Jetzt zu trauen

denn nicht die Vergangenheit
noch die Zukunft
bestärken mich in der Zuversicht
einfach sein zu dürfen
um aus diesem Urvertrauen heraus
unterscheiden zu können
wofür ich Grenzen setzen möchte

In Zeiten der Entscheidung
in denen ich in Berührung komme
mit uralten Verwundungen
und ich zurückgeworfen bin
auf alte Lebensfragen
lerne ich neu
mich zu versöhnen mit meiner Geschichte
im Annehmen meiner Begrenztheit
und im Einbringen meiner Stärken
darin kristallisiert sich
meine Lebensaufgabe
die ich in weltweiter Verbundenheit
entfalten will

*Pierre Stutz*

# Auf dem Weg zum Licht

Was ist der Sinn meines Lebens, und wann bin ich am Ziel? Wann habe ich alles erreicht, was in meinem Leben möglich ist? Und wann lege ich es in Gottes Hand zurück? Das sind die großen lebenshungrigen Fragen. Heute sind sie oft unter vordergründigen Hilfskonstruktionen verdeckt. „Wenn ich auf die Kanarischen Inseln reisen kann, hat mein Leben wieder Sinn; denn dort ist es wenigstens warm." – „Wenn erst eine Patientenverfügung unterschrieben ist, habe ich auch für das Ende meines Lebens Klarheit geschaffen." – Doch wir wissen, dass das nicht wahr ist. Ein Ortswechsel löst die offenen Fragen nicht; keine Unterschrift wischt die Angst vor dem Sterben beiseite. Den Lebenshunger stillen solche Konstruktionen nicht. Er lässt sich nicht verdrängen. Und es ist gut, dass es ihn gibt. Es ist gut, dass unsere Sehnsucht nicht abstumpft –

die Sehnsucht nach wirklichem Leben, nach dem wahren Leben im falschen ...

Auf der langen Wanderschaft unseres Lebens gleichen wir Zugvögeln, die, an einem fremden Ort geboren, eine geheimnisvolle Unruhe empfinden. Eine Sehnsucht nach der lichten Heimat, die sie nie gesehen haben und zu der sie aufbrechen, ohne zu wissen, wann sie am Ziel sind. So leuchtet uns ins Leben hinein, wohin wir doch immer unterwegs sein werden: unsere Heimat bei Gott ...

Wer in eine Kirche eintritt, wird durch den Mittelgang direkt auf den Altar hin geführt. Der Blick richtet sich nach Osten, dem aufgehenden Licht entgegen. Auch dies sagt Jesus nach dem Johannesevangelium von sich: „Ich bin das Licht der Welt. Wer mir nachfolgt, der wird nicht wandeln in der Finsternis, sondern wird das Licht des Lebens haben" (8,12). Diesem Licht gehen wir entgegen.

*Wolfgang Huber*

# 4
# *Steinige Wege*

# Segenswort vom Jakobsweg

Ihr werdet mit Schwierigkeiten
zu kämpfen haben,
mit den Unbilden des Wetters,
mit Blasen an den Füßen.
Ihr werdet Freude und Leid erleben.
Mögen wir schweigen lernen.
Die Einkehr in die Stille
erschließt uns den Weg.
Möge der Herr uns segnen.
Möge der Herr uns helfen.
Möge der Herr uns seinen Frieden schenken.

*Aufgezeichnet von Andreas Drouve*

# Der Weg der Trauer

Viele leiden an einem ungelebten Leben. Sie leben nicht wirklich. Sie verschließen ihren Blick vor den Defiziten, die sie in ihrer Kindheit erlebt haben, vor dem Defizit an Liebe, an Wertschätzung, an Zuwendung. Der Blick auf den Mangel in ihrem Leben würde zu weh tun. Sie schauen nicht in ihr Herz, sondern nur nach außen, ob da genug zu haben ist, was ihren Mangel ausgleicht. Doch je mehr sie nach außen blicken, desto leerer wird ihr Herz, desto weiter entfernen sie sich von sich selbst. Und irgendwann erkennen sie: ich habe nie gelebt. Sie sind nicht in Berührung gekommen mit sich selbst, weil sie den Schmerz nicht aushalten, der dann aufbrechen würde.

In dieser Situation sehnt sich der Mensch nach einem Leben, in dem er sich der Realität zu stellen vermag, ohne sie zu beschönigen, in der er auch seiner Trauer Raum geben kann.

Und er sehnt sich danach, dass er in der oft harten Realität mit ihren vielen Verlusterfahrungen dennoch die Fülle des Lebens zu erfahren vermag. Er möchte der Wirklichkeit ins Auge sehen und dort, wo er in seiner Begrenzung ist, dennoch das grenzenlose Glück erfahren. Er ahnt, dass das nur über die Trauer geht. Aber er weiß nicht, wie ihm das gelingen soll. In diese Situation hinein spricht Jesus: „Glücklich sind die Trauernden, denn sie werden getröstet werden."

Jesus beschreibt die Trauer als einen Weg zum Glück. Trauern heißt für mich in erster Linie: Abschied nehmen von den Illusionen, die man sich über sich selbst und die Zukunft gemacht hat. Ich kenne viele Menschen, die sehr unglücklich sind, weil sie an ihnen festhalten. Sie halten fest an der Illusion, dass sie die größten und schönsten und intelligentesten Menschen sind, auch wenn sie spüren, dass das nicht stimmt. Sie klammern sich an die Illusion, dass alles glatt geht, dass sie immer Erfolg haben und den Traumberuf und die Traumpartnerin bekommen. Wenn das Leben ihre Illusionen nicht einlöst, dann jammern sie wie ein kleines Kind, das nicht bekommt, was es unbedingt will. Die Bedingung, zu einem glücklichen Leben zu finden, besteht in der Bereitschaft, meine Illusionen zu betrauern und mich auf die Wirklichkeit einzulassen, so wie sie ist. Trauern ist ein Weg, mich der Wirklichkeit zu stellen und frei zu werden von den Illusionen, mit denen ich mir selbst die Wirklichkeit verstelle. In der Trauer gehe ich dem Schmerz nicht aus dem Weg.

Ich kenne viele Menschen, die sich im Gespräch ehrlich eingestehen, dass sie eigentlich noch nie gelebt haben. Diese Erkenntnis tut weh. Nur wenn ich sie betrauere, kann sie sich wandeln. Dann erkenne ich die Durchschnittlichkeit und Banalität meines Lebens, all dessen, was ich erträumt habe und jetzt nicht mehr leben kann. Durch die Trauer hindurch kann ich mich dann aussöhnen mit mir, so wie ich bin. Ich nehme mich an, in meiner Brüchigkeit, in meiner Begrenztheit, aber auch in meiner Einmaligkeit und meinem wahren Wert.

Das, was ich nicht leben kann, wird durch das Betrauern herbeigerufen. Es kommt von einer anderen Seite her neu auf mich zu. Jesus zeigt uns einen realistischen Weg zum glücklichen Leben. Er übergeht nicht die Schmerzen, die Verzweiflung und die Depression, die heute viele heimsuchen. Die Glücksphilosophie, die uns heute angeboten wird, hat diese Seiten übersprungen. Jesus zeigt uns einen Weg, durch die Dunkelheiten und Talsohlen unseres Lebens hindurch, zu einem gelingenden Leben. Die Worte halten uns lebendig. Sie führen nicht zur Erstarrung, sondern zur Lust, auf dem Weg des Lebens voranzuschreiten.

*Anselm Grün*

# Im Dunkeln tappen

Das Leben zeigt sich uns in seinen Gegensätzlichkeiten, Polaritäten, Spannungen: Hell und Dunkel, Tag und Nacht, Weite und Enge, Tiefe und Höhe, Sehnsucht und Befriedigung, Lust und Last ... Selbst die Dunkelheit hat eine Botschaft für mich. Das Leben ist nicht nur ein romantisches Eintauchen in Kerzenschein und Konsum, sondern auch Aushalten und Durchleben der Dunkelheit. Im Dunkel der Erde reift das Korn, der Mensch wächst in der dunklen Geborgenheit des Mutterschoßes, jeder finsteren Nacht folgt der helle Tag. „Wenn das Weizenkorn nicht in die Erde fällt und stirbt, bleibt es allein. Wenn es aber stirbt, bringt es viele Frucht“ (Johannes 12,24).

*Gisela Ibele / Therese Nolte*

# Du weißt den Weg

In mir ist es finster,
aber bei dir ist das Licht
ich bin einsam, aber du verläßt mich nicht
ich bin kleinmütig,
aber bei dir ist die Hilfe
ich bin unruhig, aber bei dir ist der Frieden
in mir ist Bitterkeit,
aber bei dir ist Geduld
ich verstehe deine Wege nicht,
aber du weißt den rechten Weg für mich.

*Dietrich Bonhoeffer*

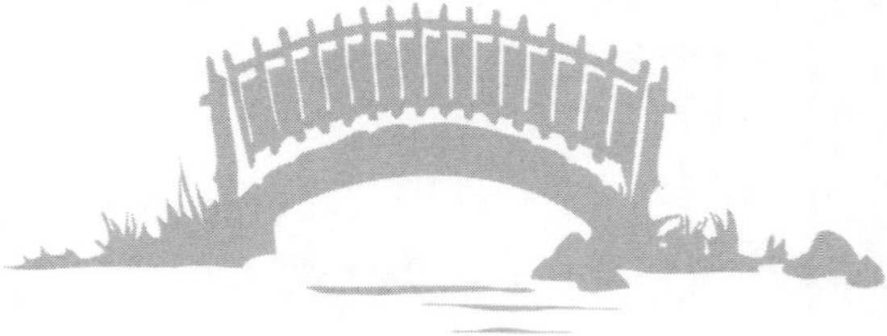

# Am Nullpunkt

Mal geht es aufwärts, mal abwärts – so sei es nun mal im Leben, sagt man. Dieses Auf und Ab gehöre dazu, irgendwie werde es schon weitergehen. Wenn es doch so wäre! Jedes Leben kommt in Situationen, wo es eben nicht mehr so weitergeht. Wo wir keinen Ausweg mehr sehen. Wo die Schmerzen unerträglich werden. Wo wir sagen: Ich kann nicht mehr, es geht nicht mehr, ich bin am Ende. Was machen wir am Nullpunkt? Es bleibt uns nichts anderes übrig, als unsere Machtlosigkeit hinzunehmen und in unsere Ohnmacht einzuwilligen. Am Nullpunkt müssen wir loslassen, wir müssen uns selbst loslassen. Wir fallen wie ins Leere. Doch darin verbirgt sich eine unbegreifliche Liebe. Sie trägt uns durch das Meer der Ängste. Sie lässt uns auch im Sterben nicht im Stich. Auf sie können wir uns verlassen.

*Phil Bosmans*

# Bewegt um zu bewegen

bewegt um zu bewegen
den stein aufweichen
und sei es mit tränen
zart bleiben
und sei es mit zorn

aber
die dinge von innen bewegen

*Andrea Schwarz*

# Weg der Verwandlung

Der Urschrei, den eine Frau kurz vor der Geburt ausstößt, trägt in sich etwas von den Geburtswehen der Menschen und der Schöpfung seit Anbeginn der Zeit. Die Art und Weise, in der die Geburt einen Körper in Mitleidenschaft zieht, gilt auch für große schöpferische Prozesse in anderen Lebensbereichen ... Die Art und Weise, wie das Wort „Passion" auf beides hinweist, auf Liebe und auf Leiden, spiegelt das Geheimnis Christi wider ... Leidenschaft kann so erscheinen, als treibe sie uns an die Grenzen; aber sie ist auch die Gnade, die uns an das Zentrum des Lebens führt. Ihr zu folgen heißt in gewissem Sinne, dass wir bereit sind zu sterben, tot für die Außenschichten der Selbstabsicherung, sodass Neues in uns geboren werden kann.

*Philip Newell*

# Durch Wasser und Feuer hindurch

*„Selig sind die Trauernden, denn sie werden getröstet werden"* (Matthäus 5,4). Vielleicht denken wir bei der Seligpreisung der Trauernden zuerst an den Tod, an das Leid, das der Tod eines geliebten Menschen mit sich bringt, an diesen ausweglosen Schmerz. Wer ihn erlebt hat, ist gezeichnet, gehört zur unsichtbaren Gemeinschaft derer, die Leid tragen. Aber hierher gehört auch all das Leid, das das Leben bereithält: die harten Lebensbedingungen, die Sorgen und die Not machen traurig, auch die Abschiede im Leben, Trennungen, Scheidungen, Enttäuschungen, das Misslingen, Verlassenwerden, Angst haben vor Krankheit, vor Armut, Angst haben um die Kinder, geliebte Menschen, öffentliches und privates Unglück, Kriege, Kindersoldaten, Vergewaltigungen, Schuld, Versagen, Verachtung, Ausweglosigkeit. Das Unglück anderer, das

einen bewegt. Viele wollen dem Leid ausweichen, das ist in der Spaßgesellschaft weit verbreitet. Sie wollen Leid nicht tragen, sondern es vergessen oder ertränken.

Alle, die irgendwann im Leben Leid tragen: sie sollen, sie werden getröstet werden. Sie warten auf das Reich Gottes, in dem alles anders sein wird. Trost ist etwas sehr Kostbares. Viele Menschen glauben, dass sie andere nicht trösten können. Man denkt an die Möglichkeit, den Schmerz wegzunehmen. Aber das geht in den seltensten Fällen. Trost im biblischen Sinn bedeutet: helfen, die Kraft zu erneuern, die beim Trauern verloren geht. Da kann man sich viel einfallen lassen, um Trauernde zu trösten: manchmal wird die Kraft schon durch einen gemeinsamen Spaziergang wieder stärker, ein offenes Zuhören, eine Konzertkarte, ein schönes Essen. Alles, was dem Menschen Kraft gibt, keine spezielle Kraft, einfach Kraft.

Aber wichtiger noch ist, dass wir versuchen, dem Namen des biblischen Gottes gerecht zu werden, Gottes Name bedeutet *Da-Sein*. „Gott kennen heißt Gottes Taten nachahmen" (jüdische Weisheit). Also: Da sein bei Menschen in der Situation des Leidens, dabei bleiben, Dinge miteinander durchstehen, sich dem Schmerz und der Ausweglosigkeit nicht entziehen. Dann wird wahr, was Gott verspricht. „Wenn du durch Wasser gehst, will ich bei dir sein, dass dich die Ströme nicht ersäufen sollen; und wenn du ins Feuer gehst, sollst du nicht brennen, und die Flamme soll dich nicht versengen" (Jesaja 43,2).

In dem Buch von *Meike Schneider* „Ich will mein Leben tanzen. Tagebuch einer Theologiestudentin, die den Kampf gegen Krebs verloren hat" beschreibt eine junge an Leukämie erkrankte Frau ihren Weg durch die Krankheit, an der sie stirbt. Es ist keine Passionsgeschichte, sondern ein „Kreuzweg der Auferstehung". Weil Menschen da sind: zuerst die Eltern, Vater und Mutter, die bei den schmerzlichen Eingriffen dabei sind und ihr die Hand halten, sie keinen Augenblick innerlich allein lassen. Der Segen der E-Mail, durch die eine Wolke von Freundschaft und Liebe die Kranke umgibt. Und sie spricht und schreibt und lässt alle teilnehmen an ihrem Weg, ihrem Ergehen und Denken. Das Wichtigste ist, dass die mitgehende Liebe aus dieser jungen Frau selbst einen Trostengel macht. Weil sie nicht verlassen wurde, starb sie nicht verlassen. Sie hat das Leben bejaht, gewünscht, ersehnt, erfleht, aber sie hat ihr Schicksal und ihren Tod angenommen und es deshalb allen anderen ermöglicht, es auch zu tun.

*Bärbel Wartenberg-Potter*

# Leid und Freude

Zu sagen, die Welt sei nichts wert, dieses Leben sei nichts wert, und zum Beweis das Übel anzuführen, ist widersinnig; denn wenn sie nichts wert ist, wessen beraubt sie dann das Übel? So sind das Leiden im Unglück und das Mitleid mit den anderen desto reiner und heftiger, je besser man die Fülle der Freude begreift. Wessen beraubt denn das Leiden den, der ohne Freude ist? Und begreift man die Fülle der Freude, so verhält sich das Leiden noch zur Freude wie der Hunger zur Nahrung. Man muss durch die Freude die Offenbarung der Wirklichkeit empfangen haben, um die Wirklichkeit im Leiden zu finden. Sonst ist das Leben nur ein mehr oder weniger schlechter Traum. Man muss dahin gelangen, im Leiden, das Nichts und Leere ist, eine noch machtvollere Wirklichkeit zu finden.

*Simone Weil*

# Möge ein Engel dir zur Seite stehen

Möge ein Engel dir zur Seite stehen,
wenn die Decke brüchig wird,
wenn Stürme aufziehen
und dein Lebenshaus erschüttert wird.
Auf dass du bewahrt bist
und unversehrt bleibst,
selbst wenn um dich herum
doch alles einstürzt.
Wenn du an Gott denkst,
lauschst und aufmerksam gehst,
mögest du den Schritt deines Engels hören.
Mögest du niemals vergessen,
auch wenn dich die Schatten umgeben:
Du gehst nicht allein!

*Irische Segensworte*

# Im Schutz des Höchsten

Es wohnt im Schutz des Höchsten, / im Schatten des Allmächtigen nächtigt,

wer zum Lebendigen sagt: Meine Zuflucht und meine Burg bist du, / mein Gott, auf den ich vertraue!

Ja, er ist es, der dich rettet vor der Falle des Voglers, / vor dem tödlichen Stachel.

Mit seinen Schwingen beschützt er dich, / unter seine Flügel kannst du flüchten. / Schutzwehr und Schild ist seine Treue.

Nicht brauchst du dich zu fürchten vor dem Schrecken der Nacht, / vor dem Pfeil, der fliegt am Tage,

vor der Pest, die im Dunkel umhergeht, / vor der Seuche, die verwüstet am Mittag.

Es fallen an deiner Seite tausend / und zehntausend an deiner Rechten. / An dich kommt es nicht heran.

Du schaust nur zu mit deinen Augen / und siehst die Vergeltung an den Frevlern.

Ja, du hast gesagt: Der Lebendige ist meine Zuflucht! / Den Höchsten hast du gemacht zu deiner Wohnung.

Nicht widerfährt dir Böses, / und eine Plage naht nicht deinem Zelt.

Ja, seine Boten entbietet er für dich, / dich zu behüten auf all deinen Wegen.

Auf Händen tragen sie dich, / dass dein Fuß nicht an einen Stein stoße.

Über Löwen und Ottern schreitest du, / du zertrittst Junglöwen und Drachen.

(Gott spricht:) Weil er mir anhangt, rette ich ihn, / ich schütze ihn, weil er meinen Namen kennt.

*Psalm 91*
*nach der Übertragung von Erich Zenger*

# 5
# *Gesegnete Wege*

# Segenswort vom Jakobsweg

Möge der Herr eure Schritte
freundlich und wohlgesinnt lenken
und euch auf dem Weg
untrennbarer Gefährte sein.
Möge der heilige Apostel Jakobus
euch auf eurem Weg begleiten
und jegliche Unbill und Widrigkeiten
von euch abwenden,
damit ihr glücklich
das Ziel eures Weges erreicht.

*Aufgezeichnet von Andreas Drouve*

# Entscheidung für den Engel

Die zahllosen Gasthäuser mit dem schönen Namen „Zum Engel“ wollen die Reisenden, diejenigen, die unterwegs sind, daran erinnern, dass sie von Engeln begleitet werden. Engel sind Boten zwischen Gott und den Menschen, zwischen Himmel und Erde. Aus der Liebe Gottes heraus sind sie den Menschen verbunden – und vertreten doch zugleich den Anspruch Gottes. Sie verbinden diese beiden Sphären, ohne sie dabei aufzuheben. Sie nehmen dem Menschen das Handeln nicht ab, aber sie stehen ihm mit Rat und Tat zur Seite … Engel sind Mittler zwischen den Welten – und immer dann und dort, wo diese andere Welt in unsere Welt hereinbricht, wir uns von dieser anderen Welt berühren lassen, können wir eigentlich von Engeln sprechen.

*Andrea Schwarz*

# Du

Du ergründest mein Herz,
du durchschaust mich.
Du weißt um mein Gehen und Stehen.

Du kennst meine Gedanken von ferne,
mein Reisen und Wandern, mein Ruhen.

All meine Wege sind dir bekannt –
jedes Wort, das mir auf die Lippen kommt,
unausgesprochen noch, du hörst es schon.

Hinter mir bist du und mir voraus.
Du legst deine Hände auf mich.
Das ist es, was ich nicht begreifen,
nicht denken kann, das ist mir zu hoch.

Wie dem Hauch deines Mundes entkommen,
wohin flüchten vor deinem Angesicht?

Erklimm ich den Himmel, da bist du,
steig ich ab in die Erde,
da find ich dich auch.

Hätte ich Flügel des Morgenrots,
flöge ich über die fernsten Meere,
auch dort du, deine Hand,
deine Rechte, die mich festhält.

Riefe ich: „Finsternis, bedeck mich,
Licht, verwandle dich in Nacht" –
für dich besteht die Finsternis nicht.

Für dich ist die Nacht so licht wie der Tag,
die Finsternis ebenso klar wie das Licht.

Deine Schöpfung bin ich mit Herz und Nieren,
du hast mich gewebt im Schoß meiner
Mutter.

Ich will dir danken dafür,
dass du mich so staunenswert gemacht hast.

Meine Seele und Glieder sind dir vertraut.
In mir war nichts deinen Augen verborgen,
als ich geformt wurde tief im Geheimen,
prächtig gewirkt im Schoße der Erde.

Ich war noch nicht geboren,
du hattest mich schon gesehen,
all meine Lebenstage standen in deinem
Buch,
bevor auch nur einer durch dich war
geschaffen.

Du Ewiger, ergründ nun mein Herz,
erforsch mich,
prüf meine geheimen Gedanken.

Mein Weg führt mich doch nicht in die Irre?
Führ mich fort auf dem Weg deiner Tage.

*Huub Oosterhuis*
*frei nach Psalm 139*

# Der Weg des weiten Herzens

Je länger ich Menschen begleite, desto deutlicher wird mir, dass wir alle an den gleichen Mustern unserer Seele leiden, an den Mustern von Perfektionismus, vom Zwang, uns beweisen zu müssen, uns mit anderen zu vergleichen. Die Spiritualität der Wüstenväter führt uns einen Weg in die innere Freiheit. Sie erlaubt es uns, die eigene Wirklichkeit anzuschauen, ohne sie ständig zu bewerten oder zu beurteilen. In Gesprächen erlebe ich immer wieder, wie die Menschen Angst haben, in das eigene Herz zu schauen. Da könnten sie ja all dem Dunklen und Verdrängten begegnen, vor dem sie lieber ihre Augen verschließen. Doch wer ein so pessimistisches Selbstbild hat, lebt immer in Angst vor sich selbst. Die Wüstenväter laden uns ein, ohne Angst in alle Abgründe unserer Seele zu schauen, weil sie überzeugt sind, dass auch in der größten Dunkelheit das Licht Jesu Christi leuchtet und dass alles Dämonische in uns vom Geist Jesu verwandelt werden kann. Sie wagen es, in die eigene Tiefe hinabzusteigen, weil sie darauf vertrauen, dass Jesus Christus sie bei der Hand nimmt und mit ihnen hinabsteigt. Und Jesus schenkt ihnen das Vertrauen, dass sie mit allem, was sie in sich vorfinden, von Gott bedingungslos angenommen und geliebt sind …

Gerade unsere immer rauer werdende Geschäftswelt weckt in uns die Sehnsucht nach einer Spiritualität, die uns in die innere Freiheit führt, die uns einlädt, den Raum der Stille in uns zu entdecken, zu dem der Lärm dieser Welt keinen Zutritt hat. Jeder von uns trägt in sich einen Ort des Schweigens. Oft sind wir davon abgeschnitten. Wir haben die Berührung mit unserem Herzen verloren. Die Wüstenväter ermutigen uns, in den heiligen Raum des Schweigens einzutreten. Er ist dem Terror der Welt entzogen. Dort, wo Gott in uns wohnt, sind wir heil und ganz. Dort kann uns niemand verletzen. Dort sind wir auch frei.

Die Erwartungen der Menschen, ihre Ansprüche und Beurteilungen haben dort keinen Zutritt.

Wer den Weg christlicher Spiritualität geht, dem – so sagt der heilige Benedikt – weitet sich das Herz und er läuft in unermesslicher Freude des Heiligen Geistes seinen Weg zu Gott und zu den Menschen. Gott – so sagen die Mönche – vermag nur in einem weiten Herzen zu wohnen. Und das weite Herz ist offen für die Nöte unserer Brüder und Schwestern um uns her. In diesem weiten Herz öffnet sich für uns der Himmel und wir erfahren Gottes heilende und liebende Nähe. Und zugleich geht dann durch uns der Himmel auf über den Menschen, denen wir begegnen.

*Anselm Grün*

# Die Quellen der Freude

Wenn auch unvermeidbar Täler zu durchschreiten sind, so ist doch die Freude notwendig und Leben unterstützend. Sie ist der erste innere Antrieb des Menschen. So wie er sich herzlich freuen kann, kann sich auch die gesamte Schöpfung freuen. Die Freude der Engel ist zwar nicht unmittelbar der gefühlsmäßigen menschlichen Freude gleichzusetzen, doch freuen sie sich mit dem Schöpfer über jede Bewegung, die auf Gott weist und deren Ziel letztlich Gott selbst ist.

„Ebenso, sage ich euch, wird bei den Engeln Gottes Freude sein über einen einzigen Sünder, der umkehrt" (Lukas 15,10). Jede Freude ist höheren Ursprungs – eine wunderbare Ruhe und eine lebendige gute Unruhe zugleich. Die reine Freude möchte begeistern, sich mitteilen und sich verschenken. Freude ist schließlich der Himmel und das Paradies und die erspürte Gegenwart Gottes. Daher ist es lebenswichtig, die Quellen der vielleicht verlorenen Freude wiederzufinden. Herzensfreude ist Leben für den Menschen.

*Peter Dyckhoff*

## Originalität

Wir sind weder Zufallsprodukte
noch Blindgänger.
Jeder ist ein Original,
keiner eine Kopie.
Mit jedem hat Gott Besonderes vor.

*Franz Kamphaus*

# Die Kunst des Lebens

Es ist leicht, für das Gute, das wir in unserem Leben erhalten, dankbar zu sein. Aber für alles – für Gutes wie Schlechtes, für die Augenblicke der Freude wie für die Zeiten des Leids, für Erfolge wie für Fehlschläge, für Lob wie für Tadel – dankbar zu sein, verlangt ein intensives geistliches Bemühen.

Dennoch werden wir nur dann wahrhaft dankbare Menschen sein, wenn wir für alles danken können, was uns den gegenwärtigen Augenblick erleben ließ. Solange wir in unserem Leben zwischen solchen Ereignissen und Menschen unterscheiden, an die wir uns mit Freude erinnern, und solchen, an die wir nicht gern erinnert werden möchten, können wir den Reichtum unseres Daseins als ein Geschenk Gottes, für das wir dankbar sein dürfen, uns nicht zunutze machen.

Fürchten wir uns nicht, auf alles zu sehen, was uns bis zu dem Punkt unseres Lebens führte, an dem wir heute stehen, und vertrauen wir darauf, dass in allem die lenkende Hand eines liebenden Gottes mitgewirkt hat.

Die Kunst des Lebens zeigt sich darin, dankbar zu sein und sich darüber zu freuen, was wir sehen können, und nicht darüber zu klagen, was wie im Dunkeln und Ungewissen liegt. Wenn es uns gelingt, den nächsten Schritt zu tun und darauf zu vertrauen, dass es auch hell genug für den folgenden Schritt sein wird, werden wir auf dem Weg durch das Leben mit Freude voranschreiten und überrascht sein, wie weit wir kommen.

*Henri Nouwen*

# Segenswort vom Jakobsweg

Möge der Weg alle
in Gebet und Schweigen
der vertraulichen Nähe
des göttlichen Herrn überlassen,
während sie gestützt
auf den Stab seines Wortes
die Wunder betrachten,
die der Schöpfer gestaltet hat.

*Aufgezeichnet von Andreas Drouve*

# Engel in deiner Nähe

Engel leuchten dir
manchmal gerade dann auf,
wenn du sie
am wenigsten erwartet hast.
Lass dann alles andere liegen
und öffne dich ihnen
mit all deinen Sinnen.
Wer weiß,
welch beglückende Botschaft
sie dir ins Herz flüstern
und welche Überraschung
sie dir mit auf den Weg
geben wollen.

*Christa Spilling-Nöker*

# Mein Schutzengel

Wenn ich an meinen Schutzengel denke,
dann sage ich zu ihm:

„Du brauchst viel Geduld mit mir,
weil ich oft vor dir davonlaufe,
weil ich auf deinen Schutz nicht achte.
Ich denke, meinen Weg allein gehen zu können.
Und nur wenn ich nicht mehr weiterweiß,
rufe ich nach dir.
Ich danke dir, dass du mich aushältst,
dort, wo ich mich selbst nicht aushalte.
Ich danke dir, dass du mich nicht verlässt,
auch dort, wo ich mich selbst verlasse
und gar nicht mehr bei mir bin.
Ich danke dir, dass du mich begleitest und
auch alle Umwege und Irrwege mit mir gehst.
Du hast Vertrauen, dass ich meinen Weg
wieder finde. Lass mich auf dich hören,
damit ich nicht zu lange vor dir fliehe,
sondern meine Zuflucht zu dir nehme.

Dich hat Gott gesandt,
damit mein Weg gelingt."

Ich danke dir, barmherziger Gott,
für deinen Engel, den du in alle Situationen
meines Lebens sendest, damit ich mich nie
alleingelassen fühle.
Dank sei dir, Gott,
der du deinen Boten zu mir schickst.
Und Dank sei dir, meinem Schutzengel,
dass du dich von Gott senden lässt
und alle meine Wege mit mir gehst.

*Anselm Grün*

# Komm ins Freie!

Wenn ich manche Menschen sehe, ihr Gesicht, ihre Augen, ihre ganze Haltung, dann muss ich an verriegelte Türen, an verschlossene Fensterläden denken, an ein Haus mit dem Schild: Zutritt verboten! Manche Menschen leben wie in einem Gefängnis, in dem sie sich selbst eingesperrt und dessen Gitter sie selbst gemacht haben, Gitter der Unzufriedenheit und Wehleidigkeit, der Enttäuschung und Verbitterung.

Komm heraus aus dir selbst, aus deinem eigenen Ich. Öffne die vergitterten Fenster und die verriegelten Türen. Befreie dich selbst. Draußen ist Frühling! Komm ans Licht wie die Blume. Komm heraus in die Natur, ins Leben, zu den Menschen. Mach dich auf, öffne dich für die Freude, für das Lied, für das Wunder, dass du lebst.

*Phil Bosmans*

# Unterwegs mit einem Engel

Manchmal wird man vom Leben nicht gefunden, sondern muss es erst mal suchen. Und auch Engel stellen sich nicht unbedingt ungefragt an unsere Seite. Es braucht schon ein wenig Eigeninitiative. Man kann Gott seine Sorgen übergeben – aber man darf nicht erwarten, dass er auch noch meinen Teil tut. Wer sucht, der findet. Wer sucht, der macht sich auf einen Weg. Der wird offen für das ganz Andere. Und wer offen ist, dem mag durchaus ein Engel über den Weg laufen. Engel – das sind Boten Gottes. Mittler. Dolmetscher, geheimnisvolle Kräfte ... Manchmal begegne ich den Engeln erst dann, wenn ich mich auf den Weg mache. Und manchmal begegne ich Engeln, und ich weiß noch nicht einmal, dass es sich um einen Engel handelt.

*Andrea Schwarz*

# Sende mir deinen Engel

Sende mir, Herr,
deinen heiligen Engel,
damit er mir Wegweiser
in meinem Leben aufstellt,
durch meine Intuition und meine Träume
zu mir spricht,
auf Gefahren hinweist und davor bewahrt,
mich warnt,
wenn mein Weg zu abschüssig ist,
mir von Gott Inspiriertes verkündet,
mich zur Wahrheit zurückführt,
meinen Gebetsweg begleitet
und meine Seele
auf das göttliche Licht ausrichtet.

*Peter Dyckhoff*

## Möge Gott vor dir hergehen

Möge Gott vor dir hergehen,
um dir den rechten Weg zu zeigen.
Möge Gott neben dir sein,
um dich in die Arme zu schließen.
Möge Gott hinter dir sein,
um dich vor hinterhältigen Menschen
zu bewahren.
Möge Gott unter dir sein,
um dich aufzufangen, wenn du fällst,
und dich aus der Schlinge zu ziehen.
Möge Gott in dir sein,
um dich zu trösten, wenn du traurig bist.
Möge Gott um dich herum sein,
um dich zu verteidigen,
wenn andere über dich herfallen.
Möge Gottes Auge auf dir ruhen;
möge sein Ohr dich hören;
möge sein Wort für dich sprechen;
möge seine Hand dich segnen.

*Irischer Segen*

# Am Morgen

Ich erwarte an diesem Morgen das Licht –
die Dunkelheit hat es nicht
überwältigen können.
Ich erwarte das Feuer,
das am Anfang war und noch immer leuchtet
im Glanz der aufgehenden Sonne.
Ich erwarte die Glut des Lebens,
die aufleuchtet über der Erde
und glitzert im Meer und am Himmel.
Ich erwarte das göttliche Licht
in den Augen von allem, was lebt,
und in der Flamme meiner eigenen Seele.
Dies zu sehen an diesem Tag
lässt mich die göttlichen Spuren erahnen
in allem, was lebt.
Möge ich gesegnet sein,
zu sehen an diesem Tag.

*Keltischer Morgensegen*

# Am Abend

Mögen deine heiligen Engel, o Christus,
unseren Schlaf, unsere Ruhe,
unser schimmerndes Lager bewachen.
Mögen sie uns in unserem Schlummer
wahre Traumbilder zeigen.
Weder Dämonen noch Unheil,
weder Verderben noch böse Träume
mögen unsere Ruhe,
unseren tiefen, festen Schlaf stören.
Heilig möge unser Erwachen sein,
unsere Arbeit und unser Tagwerk
wie unser Schlaf und unsere Rast
ohne Störung und ohne Unterlass.

*Keltischer Abendsegen*

# Inhaltsverzeichnis

## 3 Zeichen auf dem Weg 75

**5 Gesegnete Wege 117**

# Quellenhinweis

Dieses Buch wurde zusammengestellt aus folgenden Veröffentlichungen, die, soweit nicht anders angegeben, alle im Verlag Herder GmbH, Freiburg im Breisgau, erschienen sind.


Margot Bickel/Hermann Steigert, Geh deinen Weg, Neuausgabe 2005.

Dietrich Bonhoeffer, Widerstand und Ergebung © by Gütersloher Verlagshaus, Gütersloh, in der Verlagsgruppe Random House GmbH, München.

Phil Bosmans, Blumen des Glücks musst du selbst pflanzen, 2001.

Phil Bosmans, Leben jeden Tag. 365 Vitamine für das Herz, 2008.

Phil Bosmans, Das kleine Buch vom guten Gott, 2011.

Phil Bosmans / Ulrich Schütz, Jedes Herz braucht ein Zuhause, 2006.

Hilde Domin, Gesammelte Gedichte © S. Fischer Verlag GmbH, Frankfurt am Main 1987.

Andreas Drouve, Die Wunder des heiligen Jakobus. Legenden vom Jakobsweg, 2007.

Andreas Drouve, Segensworte vom Jakobsweg, 2008.

Peter Dyckhoff, 365 Tage im Licht der Liebe. Geistlich leben nach Johannes vom Kreuz, 2009.

Ylva Eggehorn, Ich hörte Saras Lachen. Frauen in der Bibel. 15 Porträts. Aus dem Schwedischen von Rainer Haak, Taschenbuchausgabe 2012.

Anselm Grün, Mit Herz und allen Sinnen. Jahreslesebuch, Neuausgabe 2005.

Anselm Grün, Glückseligkeit. Der achtfache Weg zum gelingenden Leben, 2007.

Anselm Grüns Buch der Antworten. Herausgegeben von Anton Lichtenauer, 2007.

Anselm Grün, Heilsame Worte. Gebete für ein ganzes Leben, 2010.

Anselm Grün/Andrea Schwarz, Und alles lassen, weil Er mich nicht lässt. Berufen, das Evangelium zu leben. Vollständig überarbeitete Neuausgabe 2006.

Rainer Haak, Dir neu begegnen. Gebete und Segensworte, 2004.

Uli Heuel, Mut für jeden Tag. 365 biblische Meditationen, 2006.

Ludger Hohn-Morisch (Hg.), Mögen deine Tage so zahlreich sein wie Sterne am Himmel. Irische Segenswünsche, 2005.

Wolfgang Huber/Karl Kardinal Lehmann (Hg.), Im Anfang ein Wort. Das Johannesevangelium als Jahresbegleiter. Mit Bildern von Chantal Hug und Auslegungen von Bruder Franziskus Joest, 2006.

Gisela Ibele/Therese Nolte, Mehr Himmel wagen. Nicht-alltägliche Exerzitien, 2007.

Franz Kamphaus, Hinter Jesus her. Anstöße zur Nachfolge, Taschenbuchausgabe 2010.

Margot Käßmann, Gesät ist die Hoffnung. 14 Begegnungen auf dem Weg nach Ostern, Neuausgabe 2011.

Katholische Jugend Wien (Hg.), Mit Gott on tour. Jugendgebete und Meditationen, 2008.

Christian Leven, Heute ist der beste Tag zum Glücklichsein, 2002.

Anthony de Mello, 365 Geschichten, die gut tun. Weisheit für jeden Tag. Hg. von Jorg Lix, 2006.

Philip Newell, Mit einem Fuß im Paradies. Die Stufen des Lebens im keltischen Christentum, 2003.

Peter Neysters (Hg.), Mögen deine Wünsche den Himmel erreichen. Irische Segensworte für alle Anlässe, 2007.

Henri Nouwen, Leben hier und jetzt. Jahreslesebuch, Taschenbuchausgabe 2005.

Henri Nouwen, Der Kelch unseres Lebens. Ganzheitlich Menschsein. Neuausgabe mit einem Vorwort von Medard Kehl, 2008.

Huub Oosterhuis, Augen, die mich suchen. Gebete und Meditationen zum Abschied, 2007.

Karl Rahner/Andreas Felger, Von der Gnade des Alltags. Meditationen in Wort und Bild, 2006.

Anton Rotzetter, Der Stern des Messias. Psalmenbetrachtungen für Advent und Weihnachten, 2004.

Anton Rotzetter, Du Atem meines Lebens. Ausgewählte Gebete, 2005.

Antoine de Saint-Exupéry, Worte wie Sterne. Herausgegeben von Maria Otto, Neuausgabe 2007.

Andrea Schwarz, Bleib dem Leben auf der Spur. Geschichten von unterwegs, 2005.

Andrea Schwarz, Und jeden Tag mehr leben. Ein Jahreslesebuch, Neuausgabe 2008.

Andrea Schwarz, Du Gott des Weges segne uns. Gebete und Meditationen, 2008.

Andrea Schwarz, Unterwegs mit einem Engel. Mit dem Buch Tobit durch die Fastenzeit bis Ostern, Neuausgabe 2010.

Christa Spilling-Nöker, Engel in deiner Nähe. Mit Bildern von Marc Chagall, 2006.

Christa Spilling-Nöker, Du bist nicht allein. Worte des Trostes, 2007.

Pierre Stutz, Meditationen zum Gelassenwerden, $^{5}$2005.

Pierre Stutz, Der Stimme des Herzens folgen. Jahreslesebuch, $^{2}$2007.

Bärbel-Wartenberg-Potter, Wes Brot ich ess, des Lied ich sing. Die Bergpredigt lesen, 2007.

Erich Zenger, Psalmen. Auslegungen in zwei Bänden, 2011.

## Kleine Momente des Glücks

**Glücksgedanken für die Seele**
Hg. von Sylvia Müller und Ulrich Sander
Herder spektrum Band 7119

**Schenk deiner Seele ein Lächeln**
Worte, die gut tun
Hg. von Sylvia Müller und Ulrich Sander
Herder spektrum Band 7112

Anselm Grün
**Das kleine Buch vom wahren Glück**
Hg. von Anton Lichtenauer
Herder spektrum Band 7007

Phil Bosmans
**Mensch, ich hab dich gern**
Hg. von Ulrich Sander
Herder spektrum Band 7095

Christa Spilling
**50 Zutaten zum Glück**
Von A wie Apfel bis Z wie Zimt
Herder spektrum Band 7109

# Andrea Schwarz bei Herder

**Ich mag Gänseblümchen**
Unaufdringliche Gedanken
Herder spektrum Band 7122

**Bunter Faden Zärtlichkeit**
Herder spektrum Band 7131

**Bunter Faden Leben**
Herder spektrum Band 7110

**Kleines Buch der Lust am Leben**
Herder spektrum Band 7124

**Lass deine Seele atmen**
Über das Leben und die Liebe
Mit Fotografien von Hildegard Morian
ISBN 978-3-451-32476-5

HERDER

Herder spektrum Band 7144

MIX
Papier aus verantwortungsvollen Quellen
FSC® C106847
www.fsc.org

Überarbeitete Neuausgabe 2012


www.herder.de

Umschlagkonzeption und -gestaltung:
R·M·E Eschlbeck / Hanel / Gober
Umschlagmotiv und Vignetten im Innenteil:
© Designbüro Sabine Hanel / Alexandra Gober
Herstellung: fgb · freiburger graphische betriebe
www.fgb.de

Printed in Germany

ISBN 978-3-451-07144-7